ダックワーズとブッセ

福田淳子

河出書房新社

もくじ

- 4 ダックワーズ
- 5 ブッセ

Chapitre1 ダックワーズ

- 8 基本のダックワーズ
- 10 Arrangement 1 市販のスプレッドをはさむだけ！
- 11 Arrangement 2 バタークリームに何かひとつ
- 12 Arrangement 3 洋酒漬けのドライフルーツをはさむ
- 13 Arrangement 4 トッピングアレンジ
- 14 チョコレートオレンジダックワーズ＆チョコレートチェリーダックワーズ
- 16 フルーツバタークリームのプチダックワーズ
- 18 ピスタチオのダックワーズ
- 20 ごまのダックワーズ
- 22 ラムフルーツとミルキーバタークリームのダックワーズ
- 24 ハートのストロベリーダックワーズ
- 26 レモンダックワーズ＆ゆずダックワーズ
- 28 抹茶と黒豆のダックワーズ＆きなこと黒豆のダックワーズ
- 30 紅茶のダックワーズ
- 32 桜のダックワーズ
- 34 フロマージュのダックワーズ
- 36 キャラメルとマロンのダックワーズ
- 38 赤いフルーツのタルト風

- 40 生地の間にはさむ、クリームの作り方
  ホイップクリーム／ガナッシュクリーム／カスタードクリーム／
  バタークリーム（全卵）／バタークリーム（卵黄）／
  柑橘カード／キャラメルクリーム＆キャラメルソース

Chapitre2 ブッセ

- 48 　基本のブッセ
- 50 　Arrangement 1　薄力粉に何かひとつ
- 51 　Arrangement 2　甘味料をかえる
- 52 　Arrangement 3　フィリングの生クリームに何かひとつ加える
- 53 　Arrangement 4　いろいろアレンジ！
- 54 　いちごとヨーグルトクリームのブッセ
- 56 　マスカルポーネとカフェのブッセ
- 58 　メープルバナナブッセ＆フロマージュオレンジブッセ
- 60 　クレーム・キャラメルブッセ
- 62 　抹茶と栗のブッセ＆小豆とクリームのブッセ
- 64 　カフェゼリーとミルククリームのブッセ
- 66 　キャラメルアップルカスタードの米粉ブッセ
- 68 　スパイシーパンプキン米粉ブッセ＆スイートポテト米粉ブッセ
- 70 　ばらのブッセ
- 72 　くまブッセ

- 74 　ダックワーズとブッセをおいしく作り、おいしく食べるためのQ＆A
- 76 　ダックワーズとブッセのための基本の材料と道具

【この本のルール】
- 1㎖＝ccです。
- 大さじ1は15㎖、小さじ1は5㎖です。
- バターは無塩バターを、生クリームは、動物性で脂肪分が40％以上のものを使ってください。
- チョコレートは製菓用を使っていますが、板チョコで代用してもかまいません。
- 本書のオーブンの温度や焼き時間は、ガスオーブンを使用したときの目安です。電気オーブンを使用する場合は、予熱温度はレシピに書いてある温度よりも20℃、焼き温度はレシピに書いてある温度よりも10℃高く設定し、時間はそのままで焼いてください。ただし、機種の庫内の広さやパワーによっても異なるので、様子をみながら設定してください。

ダックワーズ
Dacquoise

「ダックワーズ」とは、アーモンドパウダーをメレンゲとともに焼き込んだ生地に、バタークリームなどをはさんだもの。フランスの南西部ダックス地方が発祥の生地「パート・ダコワーズ」から派生したお菓子。「パート・ダコワーズ」はケーキやムースの底に使用するなどして、アントルメ（小さめのホール菓子）のパーツとして使用されます。

さて「ダックワーズ」といえば小判形ですが、それは日本オリジナルの形。パリ16区の菓子店でシェフを務めていた日本人シェフが、自分のお店を福岡にオープンさせる際に、和菓子の最中からヒントを得て「パート・ダコワーズ」を小判形にし、バタークリームをはさんで売り出したのが「ダックワーズ」の始まり。そう、「ダックワーズ」は日本生まれのお菓子なのです。今ではフランスにも逆輸入されて、パティスリーにも並んでいます。

薄力粉をほとんど入れず、アーモンドパウダーをたっぷり使う贅沢な配合のおかげで風味がよく、コクがあり、しっとりと焼きあがります。一番の魅力は、表面はカリッとしているのに、中はねっとり、しっとりの、相反する食感が同時に楽しめること。

ひと口にダックワーズといっても、お店によって、生地の厚さも、大きさも、配合もさまざまですが、この本では、クラシカルで高級感のある食べ心地を目指して、生地は薄めで、大きさは小ぶり、アーモンドパウダーをふんだんに使う、贅沢な「ダックワーズ」にしました。

実は、使う材料はマカロンとほぼ同じですが、配合と作り方が少し違います。メレンゲにアーモンドパウダーと粉糖を混ぜ込む手順は同じですが、マカロンはマカロナージュという気泡をつぶす作業をするため、焼きあがりの表面がつるんとしているのです。逆にダックワーズは気泡をつぶさずに作るので、ざらざらとした食感です。高度な技術がいるマカロンと比べて、ダックワーズはメレンゲ作りさえクリアすれば失敗の少ないお菓子。気軽にトライしてみてくださいね。

ブッセ
Bouchée

フランスでは、ひと口サイズの温かいオードブルのことを「ブッセ」と言います。でも、日本で「ブッセ」と言えば、丸いビスキュイ生地にクリームやジャムをはさんだお菓子のこと。ちなみにビスキュイとは、卵白と卵黄を別々に泡立てる「別立て」で作られた生地で、メレンゲの泡を生かして焼きあげるため、ふわふわとしたかるい口当たりが特徴です。丸く焼いたり、シート状に焼いたり、細く絞り出して焼いたりします。

「ブッセ」のいいところは、特別な型もいらず、卵、砂糖、薄力粉、牛乳など、どこの家の冷蔵庫にもあるような材料で作れる点。製作時間が短いので、思い立ったらすぐに作れて、食べられるところも魅力です。

どんな食材とも相性がよいので、アレンジしやすいのもうれしいところ。ふわふわのホイップクリームをたっぷりのせる定番はもちろん、季節のフルーツをそのままはさんだり、お気に入りのジャムをぬったり、冷たいアイスクリームや、溶かしたマシュマロをはさんだりと、自由に楽しめます。また、コーヒーや紅茶、緑茶、牛乳など、どんな飲み物とも合います。
「ブッセ」も「ダックワーズ」と同じように、お店によって、生地の厚さや配合はさまざま。食感もずいぶん違います。この本では、"ふわふわ、ぱふぱふ"のかるい食感と、口溶けのよさを楽しめる配合にしました。

ところで、「ブッセ」の生地は、他のお菓子と違って"焼きあがりが完成ではない"んです。フィリングをはさんでからしばらくおき、生地に水分が吸収され、ややしっとりして全体がまとまったときが、ベストなおいしさとなるように、何度も粉の配合と焼き時間をかえて試作しました。そうしてたどりついたのが、この本で紹介しているレシピです。
とはいえ、かろやかな食感も、甘さの加減も、やさしい後味も、誰もが懐かしさを感じるような、王道の味になっています。

親しみやすくて、食べてホッとする、どこかノスタルジックなお菓子「ブッセ」の魅力を、ぜひ味わってくださいね。

Dacquoise

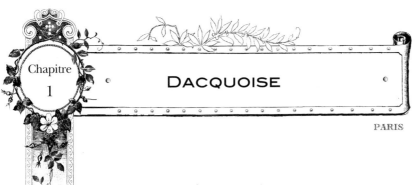

Dacquoise

PARIS

ダックワーズ

ダックワーズは、フランスで生まれ、日本で育った、
かわいい小判形焼き菓子。

たっぷりのアーモンドパウダーを
メレンゲとともに焼き込んだ、贅沢なデザートです。

おいしく作るポイントは、
しっかりとしたメレンゲを作り泡をつぶさないこと。
まずは、写真つきで丁寧に解説した
「基本のダックワーズ」から作ってみてください。

あとは、生地やフィリングにひと手間加えて
アレンジすれば、簡単にバリエーション豊かな
ダックワーズができます。

基本のダックワーズ

【材料（ダックワーズ形約18枚・9個分）】
卵白‥‥‥‥‥‥‥‥‥‥ 65g（M玉約2個分）
砂糖‥‥‥‥‥‥‥‥‥‥ 20g
A ┌ アーモンドパウダー‥‥‥ 45g
　├ 粉糖‥‥‥‥‥‥‥‥‥‥ 30g
　└ 薄力粉‥‥‥‥‥‥‥‥‥ 5g
粉糖‥‥‥‥‥‥‥‥‥‥ 適量
バタークリーム（P42or43）‥ 100g

【下準備】
- 卵白は冷蔵庫で冷やしておく。
*冷やしておくとキメの細かなメレンゲを作ることができる。
- オーブンは170℃に予熱しておく。
- 天板にオーブンシートを敷いておく。
- Aは合わせて2回ふるう。
*Aは、生地を作る直前にふるうこと。2回ふるうことで材料がよく合わさり、空気がたっぷり入り、メレンゲと混ざりやすくなる。

【作り方】

メレンゲを作る

1. ボウルに卵白を入れ、少し角が立つまで泡立てる。

*ボウルなどの道具に油脂や水がついていると泡立ちにくくなるので注意。また卵黄が少しでも混じると泡立たないので、卵白と卵黄を分ける際に気をつける。

2. 1に砂糖を加え、しっかりと角が立つまでメレンゲを作る。

*砂糖を加えるのは少し角が立つくらいになってから。はじめから加えてしまうと、粘性が出て泡立ちにくくなるので注意。
*夏場はボウルの底を氷水につけて、冷やしながら行うとキメの細かいメレンゲができる。

粉をふるい入れて混ぜる

3. 2にふるっておいたAの1/2量をふるい入れ、メレンゲをつぶさないようにゴムべらでさっくりと混ぜ合わせる。残りのAも同じように、ふるい入れて混ぜる。

*混ぜすぎると気泡がつぶれてしまうので注意。最初は底から大きくかき混ぜ、粉が見えなくなり生地がなめらかになったらOK。ふんわりした状態に仕上げる。

ダックワーズ型で成形する

4. 天板のオーブンシート上に、水でぬらしたダックワーズ型をのせる。丸口をつけた絞り袋に3を入れ、生地を型より少し高い位置まで絞り出す。

5. カードで生地をならし、平らにする。

6. 片手で天板を押さえ、もう片方の手で型を上にゆっくり持ちあげながらはずす。

＊今回の分量を全量絞り出すには、30 × 30㎝の天板が 2 枚必要。天板が 2 枚ない場合には、オーブンシートの上にすべての生地を絞り出す。時間をおくと、生地がだれてしまい、後からは成形できなくなるため。

[セルクルやクッキー型で成形する場合]
オーブンシートの上に、水でぬらしたセルクルまたはクッキー型を置き、中に丸口をつけた絞り袋で生地を絞り出す。

[絞り袋のみで成形する場合]
オーブンシートの上に、好みの口をつけた絞り袋で生地を絞り出す。

粉糖をふりかける

7. 絞り出した生地に、粉糖をたっぷりと均一に茶こしでふりかけ、約5分、生地に粉糖がしっかり溶け込むまで待つ。もう一度、粉糖をふりかける。

＊ここで粉糖をふりかけ、溶け込ませることで、粉糖が細かい粒状にかたまって焼きあがり、ダックワーズ独特のカリッとした食感を生みだす。この状態をペルル（perle 仏語で真珠の意味）といい、中のふんわりとした食感との対比がアクセントになる。また粉糖をかけて焼くことで糖膜が生地を支えるため、よくふくらみ、ふんわりと仕上がる。トッピングがある場合は、このあとにのせる。

焼く

8. 170℃のオーブンで 15 〜 17 分焼く。

冷ます

9. 生地が焼きあがったら、ケーキクーラーの上に置いて冷ます。冷めたら、カードで生地をオーブンシートからはがす。

＊カードがなければペティナイフなどではがしてもよい。手ではがそうとすると、生地が割れてしまうこともあるので注意する。

バタークリームをはさむ

10. バタークリームなど、好みのものをはさむ。

＊バタークリームはぬっても、絞り出してもOK。

 or

市販のスプレッドをはさむだけ！

市販されている、ジャムやペーストなどをはさむだけでも、
おいしいダックワーズの完成。
生地さえ作れば、簡単に、お店のようなダックワーズができます。

ジャムをはさんで

酸味の強いジャムのほうがダックワーズ生地には合う。苦みのあるマーマレードもおすすめ。

ピーナツバターをはさんで

濃厚でクリーミーなピーナツバター適量をぬってはさむ。

あんこをはさんで

ダックワーズ生地には和風のフィリングもよく合う。つぶあん、こしあん、うぐいすあんなどお好みで。

マロンクリームをはさんで

マロンペーストやマロンクリームをはさむと、高級感のあるお菓子に。

はちみつバターをはさんで

バターにはちみつを混ぜ合わせたものをはさむとおいしい。はちみつのほかメープルシロップなどもおすすめです。

チョコクリームをはさんで

市販のチョコレートクリームをぬるだけでもOK。チョコレートの味によって、まったく違ったテイストに。

バタークリームに何かひとつ

基本のダックワーズを作ることができたら、あとは、シンプルなバタークリーム（P42 or 43）に、もう1アイテム加えるだけで、レパートリーがグンと広がります。
バタークリームは、何かを加える前にやわらかくしておくこと。
フィリングの分量は、基本のダックワーズ18枚・9個分を目安にしています。

プラリネ＋バタークリーム

バタークリーム70gに、市販のプラリネクリーム30gを混ぜ合わせる。

コーヒーバタークリーム

バタークリーム100gに、インスタントコーヒー（顆粒）小さじ1を小さじ1/2の水で溶いたものを加え、混ぜ合わせる。

抹茶バタークリーム

バタークリーム100gに、抹茶小さじ1を小さじ1の湯で溶いたものを加え、混ぜ合わせる。

ストロベリーバタークリーム

バタークリーム100gに、ストロベリーパウダー小さじ1を小さじ1の水で溶いたものを加え、混ぜ合わせる。

キャラメルバタークリーム

バタークリーム70gに、キャラメルクリーム（P45）30gを混ぜ合わせる。

チョコレートバタークリーム

バタークリーム70gに、好みのチョコレート30gを湯せんにかけて溶かしたものを加え、混ぜ合わせる。

Arrangement 3

洋酒漬けのドライフルーツをはさむ

バタークリーム（P42 or 43）に洋酒漬けのドライフルーツをのせてはさむだけで、クラス感のあるダックワーズに。
各ドライフルーツにおすすめの洋酒との組み合わせをご紹介します。分量は、どれもお好みで。
＊子供用には果汁100％のアップルジュースやオレンジジュースに漬けたドライフルーツをはさんでも。

レーズン＆ラム酒

ラム酒にレーズンをひと晩漬け、水けをきってバタークリームとはさむ。

サルタナレーズン＆ブランデー

ブランデーにサルタナレーズンをひと晩漬け、水けをきってバタークリームとはさむ。

アプリコット＆アマレット

アマレットに刻んだアプリコットをひと晩漬け、水けをきる。バタークリームとはさむ。

クランベリー＆キルシュ

キルシュにクランベリーをひと晩漬け、水けをきってバタークリームとはさむ。

オレンジピール＆コアントロー

コアントローに刻んだオレンジピールをひと晩漬ける。水けをきってバタークリームとはさむ。

干しいちじく＆グランマニエ

グランマニエに刻んだ干しいちじくをひと晩漬ける。水けをきってバタークリームとはさむ。

Arrangement 4

トッピングアレンジ

ダックワーズ生地の上にトッピングをすると、表情や食感、香りが変わり、新しいおいしさになります。粉糖を2回ふりかけた後にのせて焼きます。分量は、どれもお好みで、おいしく仕上がります。

けしの実

けしの実（ポピーシード）を散らして。プチプチした食感が魅力。

ココナッツロング

ココナッツロング適量を散らして。独特な風味が加わってトロピカルな味に。

チョコクランチ

チョコクランチ適量を散らして。ザクザクした食感や、白と黒のコントラストを楽しんで。

くるみ

刻んだくるみ適量を散らして。香ばしさとコクが加わってインパクトのある味わいに。

アーモンドダイス

アーモンドダイスを散らして。カリカリッとした食感と香ばしさを楽しむ。

あられ糖

ベルギーワッフルなどに使われるあられ糖を散らして。シャリシャリした食感が楽しい。

チョコレートオレンジダックワーズ
＆
チョコレートチェリーダックワーズ

チョコレートのダックワーズ生地にガナッシュクリームと、洋酒をきかせたオレンジやチェリーをはさみました。
濃厚な、赤ワインともよく合う大人味のダックワーズ。エレガントな見かけで、おみやげにしても喜ばれます。

【材料（ダックワーズ形約16枚・8個分）】
＊ココアはメレンゲがつぶれやすいためほかのものより生地が少なめです。

チョコレート生地
- 卵白 …………………… 65g（M玉約2個分）
- 砂糖 …………………… 20g
- A
  - アーモンドパウダー …… 40g
  - 粉糖 …………………… 30g
  - ココア ………………… 7g（約大さじ1）
- 粉糖 …………………… 適量
- カカオニブ（飾り用）……… 適量

- ガナッシュクリーム（P40）… 全量

フルーツの洋酒漬け（各8個分の分量）
- ダークチェリー（缶詰）… 50g
- キルシュ ……………… 大さじ1

- オレンジスライスの
  砂糖漬け ……………… 50g
- コアントロー …………… 大さじ1

カカオニブ
カカオ豆をローストして粗く砕き、外皮や胚芽を取り除いたもの。ほろ苦く、甘みはない。香ばしさと、カリカリとした食感が特徴。焼き菓子やチョコレートに混ぜ込んだり、アイスクリームのトッピングにしてもおいしい。

【下準備】
- フルーツは、大きければ適当な大きさに切り、それぞれの洋酒にひと晩漬けておく。
- 卵白は冷蔵庫で冷やしておく。
- オーブンは170℃に予熱しておく。
- 天板にオーブンシートを敷いておく。
- Aは合わせて2回ふるっておく。

【作り方】

生地を作る
1. ボウルに卵白を入れ、少し角が立つまで泡立てたら砂糖を加え、さらにしっかりと角が立つまで泡立てる。
2. 1にふるっておいたAの1/2量をふるい入れ、メレンゲをつぶさないようにゴムべらでさっくりと混ぜ合わせる。残りのAも同じようにふるい入れて混ぜ、丸口をつけた絞り袋に入れる。
   ＊ココアは油脂分が多くメレンゲがつぶれやすいので、絞り出すまで作業は特に迅速に。
3. オーブンシートの上に水でぬらしたダックワーズ型をのせ、2を型より少し高い位置まで絞り出す。カードで生地をならし、型をゆっくり持ち上げてはずす。
4. 3に粉糖を均一にふりかけ、粉糖が溶け込んだらもう一度ふる。上にカカオニブを散らす。
5. 170℃のオーブンで15〜17分焼く。焼きあがったらケーキクーラーの上で冷ます。

フィリングをはさむ
6. 5のダックワーズ生地をオーブンシートからはがし、内側にガナッシュクリームをぬって水けをきったフルーツをはさむ。
   ＊ガナッシュクリームは冷やしすぎるとかたくなるので、その場合は、少し常温において、なめらかにしてからぬるとよいでしょう。

フルーツバタークリームのプチダックワーズ

セルクルを使って焼いた小さなダックワーズ生地にカラフルなフルーツクリームを絞りました。見た目も味もキュートなお菓子です。パーティのフィンガーフードとしても活躍します。

【材料（直径3.5cmの丸形約44枚・22個分）】

基本のダックワーズ生地
- 卵白……………………65g（M玉約2個分）
- 砂糖……………………20g
- A ┌ アーモンドパウダー……45g
    │ 粉糖……………………30g
    └ 薄力粉…………………5g
- 粉糖……………………適量

フルーツバタークリーム
- バタークリーム（P42or43）……120g
- （好みの）フルーツピューレ…大さじ2～3

＊酸味のあるフルーツがおすすめ。
＊写真は、ラズベリーとマンゴーのピューレを使用。フルーツバタークリーム120gに対して1種のピューレを使用。

【下準備】
- 卵白は冷蔵庫で冷やしておく。
- オーブンは170℃に予熱しておく。
- 天板にオーブンシートを敷いておく。
- Aは合わせて2回ふるっておく。

【作り方】

生地を作る

1. ボウルに卵白を入れ、少し角が立つまで泡立てたら砂糖を加え、さらにしっかりと角が立つまで泡立てる。
2. 1にふるっておいたAの1/2量をふるい入れ、メレンゲをつぶさないようにゴムべらでさっくりと混ぜ合わせる。残りのAも同じようにふるい入れて混ぜ、丸口をつけた絞り袋に入れる。
3. オーブンシートの上に水でぬらした直径3.5cmのセルクルかクッキー型を置き、中にダックワーズ生地を絞り出し（a）、そっと型をはずす。
4. 3に粉糖を均一にふりかけ、粉糖が溶け込んだらもう一度ふる。
5. 170℃のオーブンで13～15分焼く。焼きあがったらケーキクーラーの上で冷ます。

フルーツバタークリームを作ってはさむ

6. バタークリームにフルーツピューレを少しずつ加えて混ぜ（b・c）、星口をつけた絞り袋に入れる。
7. 5のダックワーズ生地をオーブンシートからはがし、上に6のフルーツバタークリームを絞り出して、もう1枚の生地ではさむ。

a 小さなセルクルは真ん中に口金を動かさず生地を絞り出すと外側に広がってきれいに仕上がります。

フルーツピューレを少しずつ混ぜるのはバタークリームとの分離防止のため。

ピスタチオのダックワーズ

グリーンが鮮やかなピスタチオ生地に、さらに、濃厚なピスタチオ風味のバタークリームをはさみました。
ピスタチオペーストをふんだんに使って焼きあげることで、高級感のある味わいになります。

【材料（ダックワーズ形約18枚・9個分）】

ピスタチオ生地
- 卵白……………………… 65g（M玉約2個分）
- 砂糖……………………… 20g
- ピスタチオペースト……… 30g
- 粉糖A……………………… 30g
- A ┌ アーモンドパウダー…… 15g
    └ 薄力粉………………… 5g
- 粉糖B……………………… 適量
- ピスタチオ（飾り用）……… 適量

ピスタチオバタークリーム
- B ┌ ピスタチオペースト…… 40g
    └ 粉糖…………………… 大さじ2
- バタークリーム（P42or43）… 70g

ピスタチオペースト
ピスタチオをペースト状にしたもの。焼き菓子や冷菓に使う。色の鮮やかさと香ばしい風味が特徴。ダマになりやすいので必ず砂糖類と合わせてなめらかにしてから使うのがコツ。お菓子作り上級者ならぜひ使いこなしたい材料のひとつ。

【下準備】
- 卵白は冷蔵庫で冷やしておく。
- オーブンは170℃に予熱しておく。
- 天板にオーブンシートを敷いておく。
- Aは合わせて2回ふるっておく。

【作り方】

生地を作る
1. ボウルにピスタチオペーストと粉糖Aを入れて泡立て器でつぶし、さらさらになるまで混ぜ合わせる（a）。ここで、しっかり混ぜると、あとで生地がダマになりにくい。
2. 1とAを合わせて一緒にふるう（b）。
3. ボウルに卵白を入れ、少し角が立つまで泡立てたら砂糖を加え、さらにしっかりと角が立つまで泡立てる。
4. 3に2の1/2量をふるい入れ、メレンゲをつぶさないようにゴムべらでさっくりと混ぜ合わせる。残りの2も同じようにふるい入れて混ぜ、絞り袋に入れる。
5. オーブンシートの上に水でぬらしたダックワーズ型をのせ、4を丸口で型より少し高い位置まで絞り出す。カードで生地をならし、型をゆっくり持ち上げてはずす。
6. 5に粉糖Bを均一にふりかけ、粉糖が溶け込んだらもう一度ふる。上に刻んだピスタチオを散らす。
7. 170℃のオーブンで15～17分ほど焼く。焼きあがったらケーキクーラーの上で冷ます。

ピスタチオバタークリームを作る
8. ボウルにBを入れて写真のような状態になるまでよく混ぜ合わせ（c）、バタークリームを少しずつ加えながら（d）、なめらかになるまでよく混ぜる（e）。

フィリングをはさむ
9. 7のダックワーズ生地をオーブンシートからはがし、8をぬってはさむ。

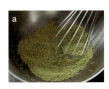  

ごまのダックワーズ

生地にはすりごまをふんだんに使い、クリームは練りごまと練乳を合わせて、まろやかに仕上げました。
ごま好きにはたまらないダックワーズです。ごまは白、黒お好みで。
生地を黒ごまで、フィリングを白ごまで作るなど、あれこれ組み合わせてもおいしいです。

【材料（直径4.5cmの丸形約18枚・9個分）】

ごま生地
卵白	65g（M玉約2個分）
砂糖	20g
A すりごま（白または黒）	30g
A アーモンドパウダー	15g
A 粉糖	30g
A 薄力粉	5g
粉糖	適量
ごま（白または黒。飾り用）	適量

ごまクリーム
バター（無塩）	40g
練乳	大さじ1～2
練りごま（白または黒）	50g

【下準備】
- 卵白は冷蔵庫で冷やしておく。
- オーブンは170℃に予熱しておく。
- 天板にオーブンシートを敷いておく。
- Aは合わせて2回ふるっておく。

【作り方】

生地を作る
1. ボウルに卵白を入れ、少し角が立つまで泡立てたら砂糖を加え、さらにしっかりと角が立つまで泡立てる。
2. 1にふるっておいたAの1/2量をふるい入れ、メレンゲをつぶさないようにゴムべらでさっくりと混ぜ合わせる。残りのAも同じようにふるい入れて混ぜ、丸口をつけた絞り袋に入れる。
3. オーブンシートの上に水でぬらした直径4.5cmのセルクルをのせ、2を絞り出し（a）、そっと型をはずす。
4. 3に粉糖を均一にふりかけ、粉糖が溶け込んだらもう一度ふり、ごまを散らす。
5. 170℃のオーブンで15～17分焼く。焼きあがったらケーキクーラーの上で冷ます。

ごまクリームを作る
6. 常温においてやわらかくしたバターに練乳を少しずつ加えて混ぜ、ふんわりするまで泡立てる。なめらかに練った練りごまを少しずつ加え混ぜる（b・c）。

フィリングをはさむ
7. 5のダックワーズ生地をオーブンシートからはがし、6のクリームをはさむ。

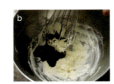

セルクルの外側から内にむかって渦巻き状に絞り出します。

ラムフルーツとミルキーバタークリームのダックワーズ

ホワイトチョコの入ったミルキーなバタークリームで、ラム酒漬けのフルーツをサンドしました。
ラム酒漬けフルーツは自家製を使うと、ぐんとおいしくなります。

【 材料（ダックワーズ形約18枚・9個分）】

基本のダックワーズ生地
卵白‥‥‥‥‥‥‥‥‥‥‥‥ 65g（M玉約2個分）
砂糖‥‥‥‥‥‥‥‥‥‥‥‥ 20g
A ┌ アーモンドパウダー‥‥‥‥ 45g
  │ 粉糖‥‥‥‥‥‥‥‥‥‥‥ 30g
  └ 薄力粉‥‥‥‥‥‥‥‥‥‥ 5g
粉糖‥‥‥‥‥‥‥‥‥‥‥‥ 適量
アーモンドスライス
　（飾り用）‥‥‥‥‥‥‥‥ 適量

ミルキーバタークリーム＋ラム酒漬けフルーツ
バター（無塩）‥‥‥‥‥‥‥ 70g
粉糖‥‥‥‥‥‥‥‥‥‥‥‥ 50g
ホワイトチョコレート‥‥‥‥ 40g
ラム酒漬けフルーツ
　（下記参照）‥‥‥‥‥‥‥ 50g

【 下準備 】

- 卵白は冷蔵庫で冷やしておく。
- オーブンは170℃に予熱しておく。
- 天板にオーブンシートを敷いておく。
- Aは合わせて2回ふるっておく。
- ラム酒漬けフルーツは水けをきっておく。

【 作り方 】

生地を作る

1. ボウルに卵白を入れ、少し角が立つまで泡立てたら砂糖を加え、さらにしっかりと角が立つまで泡立てる。
2. 1にふるっておいたAの1/2量をふるい入れ、メレンゲをつぶさないようにゴムべらでさっくりと混ぜ合わせる。残りのAも同じようにふるい入れて混ぜ、丸口をつけた絞り袋に入れる。
3. オーブンシートの上に水でぬらしたダックワーズ型をのせ、2を型より少し高い位置まで絞り出す。カードで生地をならし、型をゆっくり持ち上げてはずす。
4. 3に粉糖を均一にふりかけ、粉糖が溶け込んだらもう一度ふる。上にアーモンドスライスをのせる。
5. 170℃のオーブンで15〜17分焼く。焼きあがったらケーキクーラーの上で冷ます。

ミルキーバタークリームを作る

6. 室温においたバターに粉糖を加え、少しふわっとするまで泡立てる。
7. ホワイトチョコレートを湯煎で溶かしたら、6に少しずつ加えながら混ぜ、ぬりやすいかたさまで冷やす。

フィリングをはさむ

8. 5のダックワーズ生地をオーブンシートからはがし、7とラム酒漬けフルーツをのせてはさむ。

自家製ラム酒漬け
フルーツの作り方

【 材料（2ℓの保存瓶1本分）】

ドライフルーツとナッツ
　‥‥‥‥‥‥‥（合わせて）約1400g
りんご（紅玉）‥‥‥‥‥‥‥ 1個
ラム酒‥‥‥‥‥‥‥‥‥‥‥ 約700mℓ

【 作り方 】

ドライフルーツはオイルコートしてあるものは湯通しして乾かす。大きいものは適当な大きさに切る。ナッツは180℃のオーブンで色づくまでから焼きし、大きければ刻む。りんごは芯を除き、細かく刻む（皮はむかない）。下処理したフルーツとナッツをよく混ぜ合わせて、消毒した瓶に入れ、上からラム酒をフルーツがかぶるくらいまで注ぐ。冷暗所でねかせる。

＊3日後から使えるが、1年間ほどねかすと味の深みが増しておいしくなる。フルーツはいろいろな種類を使うとおいしさの奥行きが出る。今回使用したフルーツとナッツはレーズン、サルタナレーズン、アプリコット、クランベリー、干しいちじく、ラズベリー、ブルーベリー、チェリー、くるみ、ココナッツスライス、アーモンド、ピスタチオ。

ハートのストロベリーダックワーズ

ピンクのクリームがかわいい、ストロベリーテイストのダックワーズ。味もルックスもキュートです。
絞り口で作るハート形は、慣れると上手に絞り出せます。

【材料（長さ5cmのハート形約38枚・19個分）】

ストロベリー生地

卵白…………………… 65g（M玉約2個分）
砂糖…………………… 20g
┌ アーモンドパウダー…… 45g
A │ 粉糖………………… 30g
└ ストロベリーパウダー… 5g（約大さじ1）
粉糖…………………… 適量

ストロベリーバタークリーム

ストロベリーパウダー…… 大さじ1/2 ～ 1
キルシュ……………… 小さじ1
バタークリーム（P42or43）… 100g

＊仕上げにブランデーを入れずに作る。

ストロベリーパウダー
フリーズドライのいち
ごを粉末にしたもの。
湿気やすいので、開封
後は冷蔵庫で保存し、
早めに使い切ること。

【下準備】

- 卵白は冷蔵庫で冷やしておく。
- オーブンは170℃に予熱しておく。
- 天板にオーブンシートを敷いておく。
- Aは合わせて2回ふるっておく。

【作り方】

生地を作る

1. ボウルに卵白を入れ、少し角が立つまで泡立てたら砂糖を加え、さらにしっかりと角が立つまで泡立てる。
2. 1にふるっておいたAの1/2量をふるい入れ、メレンゲをつぶさないようにゴムべらでさっくりと混ぜ合わせる。残りのAも同じように、ふるい入れて混ぜ合わせる。
3. 2の生地を丸口をつけた絞り袋に入れて、オーブンシートの上に涙形2つを重ねて長さ4cmのハート形に絞り出す（a）。
4. 粉糖を均一にふりかけ、粉糖が溶け込んだらもう一度ふる。
5. 170℃のオーブンで15～17分焼く。焼きあがったらケーキクーラーの上で冷ます。

ストロベリーバタークリームを作る

6. バタークリームにキルシュで溶いたストロベリーパウダーを混ぜ合わせ（b）、星口をつけた絞り袋に入れる。

フィリングをはさむ

7. 5のダックワーズ生地をオーブンシートからはがし、6のクリームを絞り出して、もう1枚の生地ではさむ。

レモンダックワーズ&ゆずダックワーズ

柑橘の香りのする生地に甘酸っぱい柑橘カード（P44）や柑橘バタークリームをはさみました。
今回はレモンで作るダックワーズとゆずで作るダックワーズをご紹介しましたが、
ご自由に、好みの柑橘を使って作ってみてください。

【材料（ダックワーズ形約18枚・9個分）】

柑橘生地
卵白……………………65g（M玉約2個分）
砂糖……………………20g
┌ アーモンドパウダー…45g
A│ 粉糖…………………30g
└ 薄力粉………………5g
レモン（またはゆず）の皮のすりおろし
……………………1/2～1個分
粉糖……………………適量

レモン（またはゆず）ピール…適量

レモンカード（9個分）
レモンカード……………………140g
＊P44の柑橘カードをレモンにして
　作り全量使用。

ゆずジャム+バタークリーム（9個分）
ゆずジャム（市販品）…………60g
バタークリーム（P42or43）…60g

【下準備】
● 卵白は冷蔵庫で冷やしておく。
● オーブンは170℃に予熱しておく。
● 天板にオーブンシートを敷いておく。
● Aは合わせて2回ふるっておく。

【作り方】

生地を作る

1. ボウルに卵白を入れ、少し角が立つまで泡立てたら砂糖を加え、さらにしっかりと角が立つまで泡立てる。
2. 1にふるっておいたAの1/2量をふるい入れ、メレンゲをつぶさないようにゴムべらでさっくりと混ぜ合わせる。残りのAも同じように、ふるい入れて混ぜ合わせる。柑橘の皮のすりおろしを加え、丸口をつけた絞り袋に入れる。
3. オーブンシートの上に水でぬらしたダックワーズ型をのせ、2を型より少し高い位置まで絞り出す。カードで生地をならし、型をゆっくり持ち上げてはずす。
4. 3に粉糖を均一にふりかけ、粉糖が溶け込んだらもう一度ふる。好みでレモン（またはゆず）ピールを散らす。
5. 170℃のオーブンで15～17分焼く。焼きあがったらケーキクーラーの上で冷まし、オーブンシートからはがす。

レモンカードまたはゆずジャム+バタークリームを作ってはさむ

6. レモンダックワーズの場合は、レモンカードを作ってはさむ。
　ゆずダックワーズの場合は、1枚の生地にゆずジャムをぬり、もう1枚の生地にバタークリームをぬってはさむ。

抹茶と黒豆のダックワーズ
&
きなこと黒豆のダックワーズ

和風の素材はダックワーズ生地ともバタークリームとも相性がよく、モダンな味の和菓子のよう。
抹茶をきなこにかえるだけで、まったく違う和風ダックワーズができます。

【材料 (ダックワーズ形約18枚・9個分)】

和風生地
- 卵白 …………………… 65g (M玉約2個分)
- 砂糖 …………………… 20g
- A ┌ アーモンドパウダー …… 40g
-   │ 粉糖 ………………… 30g
-   └ 抹茶 (またはきなこ) …… 10g
- 粉糖 …………………… 適量

バタークリーム+黒豆
- バタークリーム (P42or43) … 100g
- 黒豆 (甘煮) ……………… 36粒

【下準備】
- 卵白は冷蔵庫で冷やしておく。
- オーブンは170℃に予熱しておく。
- 天板にオーブンシートを敷いておく。
- Aは合わせて2回ふるっておく。

【作り方】

生地を作る
1. ボウルに卵白を入れ、少し角が立つまで泡立てたら砂糖を加え、さらにしっかりと角が立つまで泡立てる。
2. 1にふるっておいたAの1/2量をふるい入れ、メレンゲをつぶさないようにゴムべらでさっくりと混ぜ合わせる。残りのAも同じようにふるい入れて混ぜ合わせ、丸口をつけた絞り袋に入れる。
3. オーブンシートの上に水でぬらしたダックワーズ型をのせ、2を型より少し高い位置まで絞り出す。カードで生地をならし、型をゆっくり持ち上げてはずす。
4. 3に粉糖を均一にふりかけ、粉糖が溶け込んだらもう一度ふる。
5. 170℃のオーブンで15～17分焼く。焼きあがったらケーキクーラーの上で冷ます。

フィリングをはさむ
6. 5のダックワーズ生地をオーブンシートからはがし、内側にバタークリームをぬり、水けをきった黒豆4粒をのせてもう1枚の生地ではさむ。

紅茶のダックワーズ

生地からもクリームからもアールグレイが香る、紅茶のお菓子が好きな方には
たまらないダックワーズ。小判形ではなくフィンガースタイルに絞り出してエレガントに仕上げます。
濃厚なロイヤルミルクティーのような味わいが魅力です。

【材料（長さ8cmのもの約20枚・10個分）】

紅茶生地
卵白……………………… 65g（M玉約2個分）
砂糖……………………… 20g
┌ アーモンドパウダー…… 45g
A 粉糖…………………… 30g
└ 薄力粉………………… 5g
紅茶の茶葉（アールグレイ。細かくする）
　……………………… 大さじ1
粉糖……………………… 適量

紅茶ガナッシュクリーム
水………………………… 大さじ2
紅茶の茶葉（アールグレイ）… 大さじ1
生クリーム……………… 50ml
ホワイトチョコレート…… 60g

【下準備】
- 卵白は冷蔵庫で冷やしておく。
- オーブンは170℃に予熱しておく。
- 天板にオーブンシートを敷いておく。
- Aは合わせて2回ふるっておく。

【作り方】

生地を作る
1. ボウルに卵白を入れ、少し角が立つまで泡立てたら砂糖を加え、さらにしっかりと角が立つまで泡立てる。
2. 1にふるっておいたAと紅茶の茶葉を合わせたものの1/2量をふるい入れ、メレンゲをつぶさないようにゴムべらでさっくりと混ぜ合わせる。残りのAも同じようにふるい入れて混ぜ、星口をつけた絞り袋に入れる。
3. 2をオーブンシートの上に、長さ7cmにジグザグに絞り出す（a）。
4. 3に粉糖を均一にふりかけ、粉糖が溶け込んだらもう一度ふる。
5. 170℃のオーブンで15〜17分焼く。焼きあがったらケーキクーラーの上で冷ます。

紅茶ガナッシュクリームを作る
6. 小鍋に水を入れて沸騰したら、紅茶を加えてごく弱火で1分ほど煮出して火を止め（b）、ふたをして3分ほど蒸らす。
7. 6に生クリームを加え、弱火にかけて沸騰させたらこし入れる。小鍋に戻して再び沸騰させたら、細かく刻んだホワイトチョコレートを加え、混ぜながら溶かして火を止める。
8. 7の鍋底を氷水にあててかき混ぜながら冷やす。少しとろみがついたら冷蔵庫で冷やす。
9. 8をボウルに入れて底を氷水にあてながら泡立て、星口をつけた絞り袋に入れる。分離しやすいので泡立てすぎに注意すること。

フィリングをはさむ
10. 5のダックワーズ生地をオーブンシートからはがし、9のクリームを絞り出し、もう1枚の生地ではさむ。

31

桜のダックワーズ

桜の花がのった生地に桜風味のバタークリームと
桜あんをそれぞれはさんだ桜づくしのダックワーズ。
見た目も味も優雅な、春のお菓子です。緑茶にも合いますが、コーヒーと合わせるのもおすすめです。

【材料（ダックワーズ形・約18枚・9個分）】

桜生地
- 卵白・・・・・・・・・・・・・・・・・65g（M玉約2個分）
- 砂糖・・・・・・・・・・・・・・・・・20g
- A ┌ アーモンドパウダー・・・・・・45g
　 │ 粉糖・・・・・・・・・・・・・・30g
　 └ 薄力粉・・・・・・・・・・・・・5g
- 食紅・・・・・・・・・・・・・・・・・耳かき1杯分
- 水・・・・・・・・・・・・・・・・・・小さじ1/2
- 粉糖・・・・・・・・・・・・・・・・・適量
- 桜の花の塩漬け（飾り用）・・・・・・適量

桜バタークリーム（9個分）
- バタークリーム（P42or43）・・・100g
- 桜リキュール・・・・・・・・・・・大さじ1

桜あんバタークリーム（9個分）
- 桜あん・・・・・・・・・・・・・・・60g
- バタークリーム（p42or43）・・・50g

桜あん
白あんをほんのり桜色に色づけし、桜の葉を混ぜ合わせたもの。かすかな塩味がアクセント。和菓子にはもちろん洋菓子に使っても。

桜リキュール
桜の花や葉からエキスを抽出した、桜の香り豊かなリキュール。

【下準備】
- 卵白は冷蔵庫で冷やしておく。
- オーブンは170℃に予熱しておく。
- 天板にオーブンシートを敷いておく。
- Aは合わせて2回ふるっておく。
- 桜の花の塩漬けは塩を洗い落とし、水に30分ほどつけて塩けをぬき、ペーパータオルで水けをふきとる（a）。茎が長ければ切る。

【作り方】

生地を作る

1. ボウルに卵白を入れ、少し角が立つまで泡立てたら砂糖を加え、さらにしっかりと角が立つまで泡立てる。水で溶いた食紅を竹串で数滴加え、ピンクに色づけする（食紅は少量で色がつくのでほんの少しでOK。ピンクは濃すぎないほうがかわいい）。

2. 1にふるっておいたAの1/2量をふるい入れ、メレンゲをつぶさないようにゴムべらでさっくりと混ぜ合わせる。残りのAも同じようにふるい入れて混ぜ合わせ、丸口をつけた絞り袋に入れる。

3. オーブンシートの上に水でぬらしたダックワーズ型をのせ、2を型より少し高い位置まで絞り出す。カードで生地をならし、型をゆっくり持ち上げてはずす。

4. 3に粉糖を均一にふりかけ、粉糖が溶け込んだらもう一度ふり、上に桜の花をのせる（b）。

5. 170℃のオーブンで15〜17分焼く。焼きあがったらケーキクーラーの上で冷まし、オーブンシートからはがす。

クリームを作ってはさむ

6. 桜バタークリームは、バタークリームに桜リキュールを加え混ぜて、ダックワーズ生地にはさむ。桜あんバタークリームは、バタークリームと桜あんを、ダックワーズ生地にぬり、はさむ。

フロマージュのダックワーズ

チーズ風味の甘じょっぱい生地に、カマンベール入りのクリーミーな
カスタードクリームをはさみました。細長いフィンガータイプに絞り出したら
スタイリッシュな仕上がりに。塩けのある味は白ワインにもよく合います。

【材料（長さ8cmのもの約20枚・10個分）】

フロマージュ生地
卵白	65g（M玉約2個分）
砂糖	20g
A アーモンドパウダー	30g
粉チーズ	15g
粉糖	30g
薄力粉	5g
粉糖	適量
粉チーズ（飾り用）	適量

カマンベールカスタードクリーム
卵黄	M玉1個分
砂糖	25g
薄力粉	12g
牛乳	85mℓ
カマンベールチーズ（白カビの部分も含む）	30g

【下準備】
- 卵は冷蔵庫で冷やしておく。
- オーブンは170℃に予熱しておく。
- 天板にオーブンシートを敷いておく。
- Aは合わせて2回ふるっておく。

【作り方】

生地を作る
1. ボウルに卵白を入れ、少し角が立つまで泡立てたら砂糖を加え、さらにしっかりと角が立つまで泡立てる。
2. 1にふるっておいたAの1/2量をふるい入れ、メレンゲをつぶさないようにゴムべらでさっくりと混ぜ合わせる。残りのAも同じようにふるい入れて混ぜ合わせる。
3. 2を丸口をつけた絞り袋に入れて、オーブンシートの上に長さ7cmに絞り出す。
4. 3に粉糖を均一にふりかけ、粉糖が溶け込んだらもう一度ふる。最後に粉チーズを散らす(a)。
5. 170℃のオーブンで15〜17分焼く。焼きあがったらケーキクーラーの上で冷ます。

カマンベールカスタードクリームを作る
6. ボウルに卵黄と砂糖を入れて、泡立て器で白っぽくなるまで混ぜ合わせる。薄力粉を加え、泡立て器でなめらかになるまで混ぜる。
7. 牛乳を小鍋に入れて中火にかけ、沸騰直前に火を止め、6に少しずつ加えながら混ぜ合わせる。それをこしながら鍋に戻す。
8. 7を弱火にかけ、混ぜながら加熱し、とろみがついたら火を止めて、細かく刻んだカマンベールチーズを加えて混ぜる。バットにあけてラップをぴったりして、冷ます。

フィリングをはさむ
9. 5のダックワーズ生地をオーブンシートからはがし、8を丸口をつけた絞り袋に入れ、生地の上に絞り出してはさむ。

キャラメルとマロンのダックワーズ

ダックワーズ生地も大きく焼くと豪華なデザートになります。濃厚なキャラメルバタークリームにひと口サイズのマロンを合わせて、リッチなアントルメにしました。

【 材料 （直径15cmの円形2枚・1個分）】

ナッツのダックワーズ生地
- 卵白……………………60g（M玉約2個分）
- 砂糖……………………20g
- A ┌ アーモンドパウダー………45g
　　├ 粉糖……………………30g
　　└ 薄力粉……………………5g
- 粉糖……………………適量
- ナッツ類（飾り用）……………適量

キャラメルバタークリーム＋栗
- バタークリーム（P42or43）……100g
- キャラメルクリーム（P45）…50g
- 栗の渋皮煮……………………80g
- 粉糖（仕上げ用）……………適量

【 下準備 】

- 卵白は冷蔵庫で冷やしておく。
- オーブンは170℃に予熱しておく。
- 天板にオーブンシートを敷いておく。
- Aは合わせて2回ふるっておく。
- キャラメルクリームは室温でやわらかく戻しておく。

【 作り方 】

生地を作る

1. ボウルに卵白を入れ、少し角が立つまで泡立てたら砂糖を加え、さらにしっかりと角が立つまで泡立てる。
2. 1にふるっておいたAの1/2量をふるい入れ、メレンゲをつぶさないようにゴムべらでさっくりと混ぜ合わせる。残りのAも同じようにふるい入れて混ぜ、丸口をつけた絞り袋に入れる。
3. オーブンシートの上に、水でぬらした直径15cmのセルクルをのせ、2を外側から内側にむかって渦巻き状に絞り出す（a）。型をゆっくり持ちあげてはずす（b）。もう1枚同じものを絞り出す。
4. 3に粉糖を均一にふりかけ、粉糖が溶け込んだらもう一度ふる。1枚は上にナッツを散らす。
5. 170℃のオーブンで20〜25分焼く。焼きあがったらケーキクーラーの上で冷ます。

キャラメルバタークリームを作る

6. バタークリームにキャラメルクリームを少しずつ加えながら混ぜて、星口をつけた絞り袋に入れる。

フィリングをはさむ

7. 5のダックワーズ生地をオーブンシートからはがし、1枚に6のクリームを絞り出す（c）。適当な大きさに切った栗を散らし、ナッツを散らした生地をのせて（d）、粉糖をふりかける。

  ＊少し余る生地は天板に、好みの形に絞り出して焼く。ジャムなどをぬるとおいしい。

赤いフルーツのタルト風

ダックワーズの生地はもともとアントルメ（甘いデザート）の素材として使われていたもの。
大きく絞り出してタルト風に仕立てると、こんなに華やかなお菓子になります。
お店のように仕上げるコツは、フルーツを平面でなく円錐状に高く積み上げること。

【材料（直径15cmの円形1個分）】

基本のダックワーズ生地
- 卵白‥‥‥‥‥‥‥‥‥‥65g（M玉約2個分）
- 砂糖‥‥‥‥‥‥‥‥‥‥20g
- A ┌ アーモンドパウダー‥‥‥45g
    │ 粉糖‥‥‥‥‥‥‥‥‥30g
    └ 薄力粉‥‥‥‥‥‥‥‥5g
- 粉糖‥‥‥‥‥‥‥‥‥‥適量

トッピング
- ラズベリージャム‥‥‥‥‥大さじ2
- バタークリーム（P42or43）‥‥‥80g
- 赤い実のフルーツ‥‥‥‥‥250g
  （いちご、ラズベリー、アメリカンチェリーなど）
- ナパージュ‥‥‥‥‥‥‥‥適量
- ピスタチオ‥‥‥‥‥‥‥‥適量

【下準備】
- 卵白は冷蔵庫で冷やしておく。
- オーブンは170℃に予熱しておく。
- 天板にオーブンシートを敷いておく。
- Aは合わせて2回ふるっておく。

【作り方】

生地を作る
1. ボウルに卵白を入れ、少し角が立つまで泡立てたら砂糖を加え、さらにしっかりと角が立つまで泡立てる。
2. 1にふるっておいたAの1/2量をふるい入れ、メレンゲをつぶさないようにゴムべらでさっくりと混ぜ合わせる。残りのAも同じようにふるい入れて混ぜ、丸口をつけた絞り袋に入れる。
3. オーブンシートの上に水でぬらしたセルクルをのせ、2を絞り出す。まずは外側を高さを出して絞り (a)、そのあと渦巻状に絞り出す (b)。型をゆっくり持ち上げてはがす (c)。
4. 3に粉糖を均一にふりかけ、粉糖が溶け込んだらもう一度ふる。
5. 170℃のオーブンで20～25分焼く。焼きあがったらケーキクーラーの上で冷ます。

トッピングする
6. 真ん中にラズベリージャムをぬり、バタークリームを重ねる (d)。フルーツをのせ、刷毛でナパージュをフルーツ全体にぬってつやを出し (e)、刻んだピスタチオを散らす。

*少し余る生地は天板に、好みの形に絞り出して焼く。ジャムなどをぬるとおいしい。

ナパージュ
仕上げにフルーツにぬってつやを出します。乾燥から防ぐ、接着させるなどの役割もあります。加熱タイプのものと非加熱タイプのものとありますが、今回は加熱タイプのものを使用しました。

生地の間にはさむ、クリームの作り方

この本に出てくる、フィリングに使うクリーム類の作り方を紹介します。
どれも、ダックワーズにもブッセにも使えるクリームです。
泡立て具合などは、材料やその日の気温、微妙な火加減によって変わりますので、
写真と照らし合わせながら作ってくださいね。

ホイップクリーム

ブッセにはさんだとき、
クリームがだれないように、この本では
9分立てにしています。9分立ての具合は、
写真を参考にしてください。

【材料（作りやすい分量）】

生クリーム……………… 120mℓ[※1]
砂糖……………………… 大さじ1

1
ボウルに生クリームと砂糖を入れ、底を氷水にあてて、しっかりと角が立つ9分立てにする。

> ※1 脂肪分が低い生クリームはかたくて泡立ちにくく、はさむものにはむいていないので、脂肪分40％以上がおすすめ。
> ＊ゆるいとだれやすいが、泡立てすぎると分離するので注意。

ガナッシュクリーム

ガナッシュクリームとは生クリームに、
チョコレートを溶かしたクリームのこと。
チョコレートを溶かしただけのものよりも
まろやかでおいしく、人気のクリームです。

【材料（作りやすい分量）】

生クリーム……………… 50mℓ
好みのチョコレート……… 60g
　　（タブレットを使用。または刻む）

1
小鍋に生クリームを入れて中火にかけ、沸騰したらチョコレートを加えて混ぜる。

2
チョコレートが溶けたら、鍋底を氷水につけて少しとろりとするまでよく混ぜ合わせる。

カスタードクリーム

卵の風味を生かした、ファンの多いカスタードクリーム。
意外と作るのが難しいのですが、
このレシピ通りに作れば必ずおいしく仕上がります。

【 材料（作りやすい分量）】

卵黄	M玉1個分
砂糖	25g
薄力粉	10g
牛乳	100㎖
バニラビーンズ	1/4本
バター（無塩）	10g

1
ボウルに卵黄と砂糖を入れて白っぽくなるまで泡立て器で泡立てる。

5
沸騰直前に火を止め、**2**に少しずつ加えながら混ぜる。

2
1に薄力粉をふるって加え、なめらかになるまで泡立て器で混ぜる。

6
5を鍋にこしながら戻す。

3
バニラビーンズは縦に包丁を入れて種をこそげ取る。

7
6を弱火にかけ、ゴムベらでかき混ぜながら加熱する。しっかりとろみがついたら火を止めてバターを加えて混ぜ、溶かす。

4
小鍋に牛乳を入れて**3**の種とさやを加え、中火にかける。

8
7をバットにあけて、乾燥しないようにクリームにぴったりラップをし、冷めたら完成。

バタークリーム（全卵）

ダックワーズにかかせないバタークリーム。
これは、全卵で作るタイプです。
ブランデーは、あればでOK。入れると風味が増します。
湯煎の温度はきっちり守って作ってください。

【材料（作りやすい分量）】
バター（無塩）……………200g
卵…………………………M玉2個
砂糖………………………100g
（あれば）ブランデー……大さじ1※1

【下準備】
● バターを室温においてやわらかくしておく。

1 バターをゴムべらでやわらかく練る。

5 4に2のバターを少しずつ加えながら混ぜる。※2

2 1をさらに少しふんわりするまで、泡立て器で泡立てる。

6 全体がなめらかになったら氷水でボウルの底を冷やしながら泡立て、少しふんわりしたら氷水からはずす。※3

3 別のボウルに卵と砂糖を入れて混ぜ合わせたら湯煎にかけ、55℃になるまで、ハンドミキサーで泡立てながら加熱する。

7 6にあればブランデーを加え、混ぜたら完成。

4 湯煎からはずし、白くふんわりするまでハンドミキサーで泡立てる。

※1 ブランデーは入れなくてもOK。入れると風味が増す。
※2 混ぜている途中で分離したら、低めの温度の湯煎で温めながらよく混ぜ合わせること。
※3 氷水で冷やしすぎるとかたくなってしまうので注意。
＊余ったバタークリームは冷凍保存可能。詳細はP75参照。

バタークリーム（卵黄）

全卵でなく卵黄で作るバタークリーム。
ダックワーズは卵白しか使わないので、余った卵黄で作るとムダが出ません。全卵で作るバタークリームに比べて、濃厚でコクのあるクリームに仕上がります。

【材料（作りやすい分量）】
水……………………… 25g
砂糖…………………… 60g
卵黄…………………… M玉2個分
バター（無塩）……… 150g
（あれば）ブランデー…… 大さじ1[※1]

【下準備】
● バターを常温においてやわらかくしておく。

1
小鍋に砂糖と水を入れて、かき混ぜ、なじませてから中火にかける。ときどき鍋をゆらしながら115℃まで煮詰める。[※2]

4
室温に戻したバターを少しふんわりするまで、泡立て器で混ぜ合わせる。

2
ボウルに卵黄を入れて軽く混ぜたら、**1**を少しずつ加えながらハンドミキサーで泡立てる。

5
4を**3**に少しずつ加えながらハンドミキサーで泡立てる。

3
写真のように白くなるまで泡立てる。

6
5にあればブランデーを加え、ハンドミキサーでよく混ぜ合わせて完成。

※1 ブランデーは入れなくてもOK。入れると風味が増す。
※2 火にかけたら、かき混ぜないこと。ぬらした刷毛で鍋肌をぬぐいながら煮詰めると焦げつきにくい。
＊余ったバタークリームは冷凍保存可能。詳細はP75参照。

柑橘カード

レモンやオレンジ、ゆず、かぼすなどの果汁を使った香りは爽やか、口あたりはかろやかなクリームです。これが作れれば、まるでお店のようなダックワーズやブッセに。

【材料（作りやすい分量）】

A ┌ 水……………………… 40ml
  │ 砂糖…………………… 45g
  │ コーンスターチ……… 大さじ2
  └ 柑橘果汁……………… 大さじ2※1

卵黄…………………… M玉1個分
バター（無塩）……… 15g

1
小鍋にAを入れ、よく混ぜてから弱火にかける。とろみがつくまでよく底から混ぜ合わせる。

3
2にさらにバターを加えて混ぜる。

2
1の火を止め、卵黄を加えて混ぜる。

4
3をバットに入れて、カードが乾燥しないようにぴったりラップをして、冷ます。

※1 柑橘果汁は、レモン、ゆず、かぼすなど酸味が強いものはそのまま。オレンジ、グレープフルーツなど酸味の穏やかなものは、半量になるまで煮詰めて濃縮したものを使用するとよい。

キャラメルクリーム & キャラメルソース

砂糖をこがして苦みと香りをつけ、
そこに生クリームを加えたものが
キャラメルクリーム（写真左）で
湯を加えたものがキャラメルソース（写真右）です。
好みで使い分けます。

【材料（作りやすい分量）】

砂糖……………………… 200㎖
水………………………… 大さじ1
生クリーム（湯）………… 100㎖

【下準備】
● 生クリームは常温に戻しておく。※1

1
小鍋に砂糖と水を入れる。

2
かき混ぜてなじませる。

3
2を中火にかけて、鍋をゆすりながら溶かす。

4
砂糖が完全に溶けてうっすら色づくまでは、かき混ぜないことが大切。

5
香ばしい香りがして、キャラメル色になるまで待つ。※2

6
5に、生クリーム（または湯）を何回かに分けて加え、よく混ぜ合わせながら焦がす。粗熱がとれたら冷蔵庫で冷やす。

> ※1 冷たい生クリームや水を加えると、さらにはねやすくなるので注意しましょう。
> ※2 ここではきちんと焦がすのがポイント。ほろ苦さがキャラメルのおいしさになる。

Bouchée

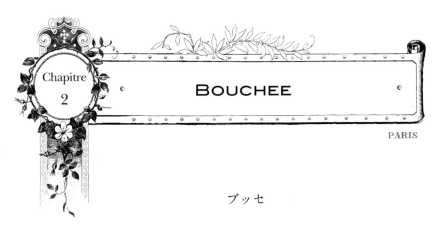

ブッセ

表面はさっくり、食べると
ふんわりした食感が特徴のブッセ。

丸い生地に生クリームやカスタード、
ジャムなどをはさんで食べる、
どこかなつかしさを感じるお菓子です。

ダックワーズと同じで、
こちらもメレンゲをしっかり作り、
メレンゲの泡をつぶさないことが
おいしく作るポイント。
1工程ずつ、写真つきで丁寧に作り方を示している
「基本のブッセ」から作ってください。

生地やフィリングのアレンジも
たくさん紹介しています。

基本のブッセ

【材料（直径7cmの円形12枚・6個分）】
- 卵黄……………… M玉2個分
- 砂糖A…………… 25g
- 卵白……………… M玉2個分
- 砂糖B…………… 30g
- 牛乳……………… 小さじ1
- 薄力粉…………… 50g
- ホイップクリーム（P40）… 全量
- 粉糖……………… 適量

【下準備】
- 卵は冷蔵庫で冷やしておく。
  * 冷やしておくとキメの細かいメレンゲを作ることができる。
- オーブンは180℃に予熱しておく。
- 天板にオーブンシートを敷いておく。
- 薄力粉は2回ふるう。
  * 薄力粉は、作り始める直前にふるうこと。2回ふるうことで、空気がたっぷり入りメレンゲと混ざりやすくなる。

【作り方】

卵黄クリームを作る

1. ボウルに卵黄と砂糖Aを入れ、泡立て器で白っぽくなるまでしっかり泡立てる。

* 卵黄を充分に泡立てることでメレンゲと混ぜたときに泡がつぶれにくくなる。

メレンゲを作る

2. 別のボウルに卵白を入れてふんわりと、かるく角が立つ程度に泡立てる。

* ボウルなどの道具に油脂や油がついていると泡立ちにくくなるので注意。また卵黄が少しでも混じると泡立たないので、卵白と卵黄を分ける際に気をつける。

3. 2に砂糖Bの1/2量を加え、さらに泡立てる。残りの砂糖も入れて、しっかりと角が立つまでメレンゲを作る。

* 砂糖を加えるのは少し角が立つくらいになってから！ はじめから加えてしまうと、粘性が出て泡立ちにくくなる。
* 夏場はボウルの底を氷水につけて、冷やしながら行うとキメの細かいメレンゲができる。

卵黄クリームにメレンゲを加える

4. 1に3のメレンゲの1/3量を加え、泡立て器で泡をつぶさないように、手早くむらなく混ぜ合わせる。

5. 4に残りのメレンゲを加え、泡立て器で泡をつぶさないように手早く、むらなく混ぜ合わせる。

牛乳を加える

6. 5に牛乳を加え、泡立て器でよく混ぜる。

＊全体がなめらかになればOK。

薄力粉をふるい入れて混ぜる

7. 6に薄力粉を2回に分けてふるい入れ、ゴムべらで混ぜる。

＊まずは、ゴムべらで全体を粉が見えなくなるまで混ぜ合わせる。さらになめらかになるまで切るようにして混ぜ合わせるとよい。

＊混ぜすぎると生地がゆるくなってしまうが、混ぜが足りなくても焼きあがりの生地がなめらかではなくなるので注意。

8. 7を丸口をつけた絞り袋に入れ、直径6cmの円形に絞り出す。

＊オーブンシートの下に直径6cmの円形に切った紙をおいて、生地を絞り出すと大きさの目安になり、サイズがそろいやすい。

＊生地はすべて絞り出しておく。時間をおくと、生地がだれてしまい、後からは成形できなくなる。

粉糖をふる

9. 絞り出した生地に、粉糖をたっぷりと均一に茶こしでふりかける。

焼く

10. 180℃のオーブンで15～17分焼く。

＊こんがりと全体に焼き色がつき生地の真ん中をかるく押して、弾力があるようであれば焼きあがり。

冷ます

11. 生地が焼きあがったら、ケーキクーラーの上に置いて冷ます。冷めたら、カードで生地をオーブンシートからはがす。

＊カードがなければペティナイフなどではがしてもよい。手ではがそうとすると、生地が割れてしまうこともあるので注意。

フィリングをはさむ

12. ホイップクリームを生地にぬるか絞り袋から絞り出して、もう1枚の生地ではさむ。

 or

Arrangement 1

薄力粉に何かひとつ

基本のブッセを作ることができたら、あとは、生地に1アイテム加えるだけで、
いろいろなブッセにアレンジできます。
ここでは、生地の風味をアレンジする方法をご紹介しましょう。

紅茶風味の生地

紅茶5gを細かくすったものを粉類と一緒にふるってメレンゲに加える。

ごま風味の生地

薄力粉50gを、薄力粉35g＋すりごま15gにかえる。粉糖をふった後に、ごま少々を散らして焼く。

レモン風味の生地

レモンの皮のすりおろし1/2個分を、生地作りの最後に加えて混ぜる。

ストロベリー風味の生地

ストロベリーパウダー（P25）小さじ1を粉類とを一緒にふるって、メレンゲに加える。

甘味料をかえる

生地に使う砂糖をほかの甘味料にするだけで風味がかわり、あれこれ楽しめます。
ご紹介したもの以外でも、好みのものがあればぜひ!
ただし、卵黄に加える砂糖Aのみおきかえてください。
メレンゲは精製糖以外のものを加えると泡立ちにくくなります。

はちみつ

砂糖をはちみつにかえる。分量は砂糖と同量。はちみつの華やかな香りがして、焼き色が濃くなる。

黒糖

砂糖を黒糖にかえる。分量は砂糖と同量。砂糖に比べて、個性が強く食べごたえのある味わいに。

メープルシロップ

砂糖をメープルシロップにかえる。分量は砂糖と同量。砂糖に比べて、コクと香りが強まる。甘さは控えめ。

和三盆

砂糖を和三盆にかえる。分量は砂糖と同量。砂糖に比べて、洗練された高級感のある味になる。

Arrangement 3

フィリングの生クリームに何かひとつ加える

基本のブッセの生地にはさむ生クリームに、何かひとつ加えるだけで
まったく違った味を楽しむことができます。

ストロベリーパウダーを加える

ストロベリーパウダー（P25）小さじ1、生クリーム120㎖、砂糖大さじ1を一緒に泡立てる。

インスタントコーヒーを加える

インスタントコーヒー（顆粒）小さじ1、生クリーム120㎖、砂糖大さじ1を一緒に泡立てる。

チョコシロップを加える

チョコシロップ大さじ2と生クリーム120㎖を一緒に泡立てる。

ジャムを加える

生クリーム120㎖と砂糖小さじ2を一緒に泡立てて、生地の上におき、その上に好みのジャムをのせる。

Arrangement 4

いろいろアレンジ！

間にアイスをはさんだり、生地の上にコーティングしたりと、
ブッセの可能性が一気に広がる、楽しいアレンジ番外編を紹介します。

アイスクリームをはさむ

ブッセ生地の間に、好みのアイスクリーム約70mlをはさむ。

マシュマロをはさむ

ブッセ生地1枚にマシュマロ10gをのせ、500Wの電子レンジで約30秒加熱し、もう1枚の生地ではさむ。

チョコレートコーティングする

コーティングチョコレート適量を湯煎で溶かし、上にかぶせるブッセ生地の上にスプーンでたらして広げていきます。

デコアレンジをする

上にかぶせるブッセ生地にデコペンで絵を描き、アラザンなどをトッピングする。

いちごとヨーグルトクリームのブッセ

ブッセにヨーグルト風味のクリームといちごをはさみ、ショートケーキをイメージして仕上げました。愛らしい姿はおもてなしデザートとしても喜ばれます。

【材料（直径7cmの円形12枚・6個分）】

基本のブッセ生地
卵黄	M玉2個分
砂糖A	25g
卵白	M玉2個分
砂糖B	30g
牛乳	小さじ1
薄力粉	50g
粉糖	適量

ヨーグルトクリーム＋いちご
プレーンヨーグルト	120g
生クリーム	100ml
砂糖C	大さじ1
いちご	12粒
粉糖（仕上げ用）	適量

【下準備】

- 卵は冷蔵庫で冷やしておく。
- オーブンは180℃に予熱しておく。
- 天板にオーブンシートを敷いておく。
- ヨーグルトはペーパータオルを重ねて敷いたざるの上に置き60gになるまで水きりする（a）。
- 薄力粉は2回ふるっておく。

【作り方】

生地を作る

1. ボウルに卵黄と砂糖Aを入れ、泡立て器で白っぽくなるまで泡立てる。
2. 別のボウルに卵白を入れて泡立てる。全体が泡立ってきたら、砂糖Bの1/2量を加え、泡立てる。残りの砂糖を入れて、さらに、しっかりと角が立つまで泡立て、メレンゲを作る。
3. 1に2のメレンゲの1/3量を加え、泡立て器で泡をつぶさないように手早くむらなく混ぜ合わせる。
4. 3に残りのメレンゲを加え、泡立て器で泡をつぶさないように手早くむらなく混ぜ合わせる。さらに牛乳を加えてよく混ぜる。
5. 薄力粉を2回に分けてふるい入れ、ゴムべらで混ぜ合わせる。
6. 5を丸口をつけた絞り袋に入れて、天板の上に直径6cmの円形に絞り出し、均一に粉糖をふりかける。
7. 180℃のオーブンで15〜17分焼く。焼きあがったらケーキクーラーの上で冷ます。オーブンシートからブッセ生地をはがす。

ヨーグルトクリームを作ってはさむ

8. ボウルに生クリームと砂糖Cを入れて9分立てにし、水きりしたヨーグルトを加えて混ぜ、星口をつけた絞り袋に入れる。
9. 7の生地の上に8を絞り出し、いちごを置き（いちごが大きければ、半分に切る）、もう1枚の生地ではさむ。上に粉糖（仕上げ用）適量をふる。

マスカルポーネとカフェのブッセ

コーヒーシロップをたっぷりしみ込ませた生地に、たっぷりのマスカルポーネチーズをはさんだそれは、まさにティラミス。シロップにコーヒーリキュールを入れることで、贅沢な味わいになります。

【材料（直径7cmの円形12枚・6個分）】

基本のブッセ生地

卵黄	M玉2個分
砂糖A	25g
卵白	M玉2個分
砂糖B	30g
牛乳	小さじ1
薄力粉	50g
粉糖	適量

コーヒーシロップ

A
インスタントコーヒー（顆粒）	大さじ1
砂糖	大さじ1/2
湯	大さじ2
コーヒーリキュール	大さじ1/2

マスカルポーネクリーム＋ココア

マスカルポーネチーズ	120g
砂糖C	大さじ2
ココア（仕上げ用）	適量

【下準備】
- 卵は冷蔵庫で冷やしておく。
- オーブンは180℃に予熱しておく。
- 天板にオーブンシートを敷いておく。
- 薄力粉は2回ふるっておく。

【作り方】

生地を作る

1. ボウルに卵黄と砂糖Aを入れ、泡立て器で白っぽくなるまで泡立てる。
2. 別のボウルに卵白を入れて泡立てる。全体が泡立ってきたら、砂糖Bの1/2量を加え、泡立てる。残りの砂糖を入れて、さらに、しっかりと角が立つまで泡立て、メレンゲを作る。
3. 1に2のメレンゲの1/3量を加え、泡立て器で泡をつぶさないように手早くむらなく混ぜ合わせる。
4. 3に残りのメレンゲを加え、泡をつぶさないように手早くむらなく混ぜ合わせる。さらに牛乳を加えてよく混ぜる。
5. 薄力粉を2回に分けてふるい入れ、ゴムべらで混ぜ合わせる。
6. 5を丸口をつけた絞り袋に入れて、天板の上に直径6cmの円形に絞り出し、均一に粉糖をふりかける。
7. 180℃のオーブンで15〜17分焼く。焼きあがったらケーキクーラーの上で冷ます。オーブンシートからブッセ生地をはがす。

コーヒーシロップを作ってぬる

8. Aを混ぜ合わせて冷蔵庫で冷やし、ブッセ生地の内側に刷毛でぬってしみ込ませる（a）。

マスカルポーネクリームを作ってはさむ

9. マスカルポーネチーズに砂糖Cを加えて混ぜ、8の生地にはさむ。上にココアをふって仕上げる（b）。

メープルバナナブッセ
＆
フロマージュオレンジブッセ

コクのあるメープルクリームにバナナを合わせたフィリングと、
フロマージュクリームにオレンジを合わせたフィリング2種を紹介します。
バナナの濃厚な甘い香りとオレンジの爽やかな甘酸っぱさをそれぞれ生かした、誰からも愛される味です。

【材料（直径7cmの円形12枚・6個分）】

基本のブッセ生地
- 卵黄……………………… M玉2個分
- 砂糖A…………………… 25g
- 卵白……………………… M玉2個分
- 砂糖B…………………… 30g
- 牛乳……………………… 小さじ1
- 薄力粉…………………… 50g
- 粉糖……………………… 適量

メープルクリーム＋バナナ（6個分）
- 生クリーム……………… 120ml
- メープルシロップ……… 大さじ2〜3
- バナナ…………………… 1本

フロマージュクリーム＋オレンジ（6個分）
- クリームチーズ………… 50g
- 砂糖C…………………… 大さじ1
- 生クリーム……………… 100ml
- オレンジ………………… 1個

【下準備】
- 卵は冷蔵庫で冷やしておく。
- オーブンは180℃に予熱しておく。
- 天板にオーブンシートを敷いておく。
- 薄力粉は2回ふるっておく。
- オレンジは皮をむいて実を取り出し、ペーパータオルで水けをとっておく。

【作り方】

生地を作る
1. ボウルに卵黄と砂糖Aを入れ、泡立て器で白っぽくなるまで泡立てる。
2. 別のボウルに卵白を入れて泡立てる。全体が泡立ってきたら、砂糖Bの1/2量を加え、泡立てる。残りの砂糖を入れて、さらに、しっかりと角が立つまで泡立て、メレンゲを作る。
3. 1に2のメレンゲの1/3量を加え、泡立て器で泡をつぶさないように手早くむらなく混ぜ合わせる。
4. 3に残りのメレンゲを加え、泡をつぶさないように手早くむらなく混ぜ合わせる。さらに牛乳を加えてよく混ぜる。
5. 薄力粉を2回に分けてふるい入れ、ゴムべらで混ぜ合わせる。
6. 5を丸口をつけた絞り袋に入れて、天板の上に直径6cmの円形に絞り出し、均一に粉糖をふりかける。
7. 180℃のオーブンで15〜17分焼く。焼きあがったらケーキクーラーの上で冷ます。オーブンシートからブッセ生地をはがす。

メープルバナナブッセを仕上げる
8. 生クリームにメープルシロップを入れて9分立てにし、丸口をつけた絞り袋に入れ、7の生地に絞り出す。5mm厚さに切ったバナナの輪切りを3枚のせて、内側にクリームをぬったもう1枚の生地ではさむ。

オレンジフロマージュブッセを仕上げる
9. クリームチーズに砂糖Cを加えて、ゴムべらでなめらかに練り、9分立てにした生クリームを加えて混ぜ、丸口をつけた絞り袋に入れる。7の生地に絞り出し、ひと口大に切ったオレンジを3切れのせて、内側にクリームをぬったもう1枚の生地ではさむ。

クレーム・キャラメルブッセ

ふかふかのブッセ生地になめらかなカスタードクリームと、ほろ苦いキャラメルソースをはさんで仕上げます。それは、まるでプリンを食べているような味わいで、いくつでも食べたくなってしまいます。

【材料（直径7cmの円形12枚・6個分）】

基本のブッセ生地
- 卵黄……………………M玉2個分
- 砂糖A……………………25g
- 卵白……………………M玉2個分
- 砂糖B……………………30g
- 牛乳……………………小さじ1
- 薄力粉……………………50g
- 粉糖……………………適量

カスタードクリーム + キャラメルソース
- カスタードクリーム（P41）……全量
- キャラメルソース（P45）………大さじ6

【下準備】
- 卵は冷蔵庫で冷やしておく。
- オーブンは180℃に予熱しておく。
- 天板にオーブンシートを敷いておく。
- 薄力粉は2回ふるっておく。

【作り方】

生地を作る
1. ボウルに卵黄と砂糖Aを入れて泡立て器で白っぽくなるまで泡立てる。
2. 別のボウルに卵白を入れて泡立てる。全体が泡立ってきたら、砂糖Bの1/2量を加え、泡立てる。残りの砂糖を入れて、さらに、しっかりと角が立つまで泡立て、メレンゲを作る。
3. 1に2のメレンゲの1/3量を加え、泡立て器で泡をつぶさないように手早くむらなく混ぜ合わせる。
4. 3に残りのメレンゲを加え、泡をつぶさないように手早くむらなく混ぜ合わせる。さらに牛乳を加えてよく混ぜる。
5. 薄力粉を2回に分けてふるい入れ、ゴムべらで混ぜ合わせる。
6. 5を丸口をつけた絞り袋に入れて、天板の上に直径6cmの円形に絞り出し、均一に粉糖をふりかける。
7. 180℃のオーブンで15～17分焼く。焼きあがったらケーキクーラーの上で冷ます。オーブンシートからブッセ生地をはがす。

フィリングをはさむ

8. 7の生地に、カスタードクリームとキャラメルソースをのせて、もう1枚の生地ではさむ。

抹茶と栗のブッセ
＆
小豆とクリームのブッセ

かるい食べ心地のふわふわブッセ生地は、和風の素材とも相性抜群です。
抹茶生地に抹茶クリームと栗の甘露煮をはさんだものと、
上品な甘さの小豆とふわふわのホイップクリームをはさんだもの、2種の和風ブッセを紹介します。

【材料（直径7cmの円形12枚・6個分）】

基本のブッセ生地（または抹茶ブッセ生地）

卵黄	M玉2個分
砂糖A	25g
卵白	M玉2個分
砂糖B	30g
牛乳	小さじ1
薄力粉	50g

＊抹茶生地の場合は、薄力粉40gに抹茶7g（約大さじ1）を合わせたもの。

粉糖	適量

ホイップクリーム＋小豆（6個分）

生クリーム	70ml
砂糖C	小さじ1/2
つぶあん	80～100g

抹茶クリーム＋栗（6個分）

抹茶	小さじ2
砂糖D	小さじ2
生クリーム	120ml
栗の甘露煮	6粒
抹茶（仕上げ用）	適量

【下準備】

- 卵は冷蔵庫で冷やしておく。
- オーブンは180℃に予熱しておく。
- 天板にオーブンシートを敷いておく。
- 薄力粉（または薄力粉＋抹茶）は2回ふるっておく。

【作り方】

生地を作る

1. ボウルに卵黄と砂糖Aを入れ、泡立て器で白っぽくなるまで泡立てる。
2. 別のボウルに卵白を入れ泡立てる。全体が泡立ってきたら、砂糖Bの1/2量を加え、泡立てる。残りの砂糖を入れて、さらに、しっかりと角が立つまで泡立て、メレンゲを作る。
3. 1に2のメレンゲの1/3量を加え、泡立て器で全体を合わせるようによく混ぜる。
4. 残りのメレンゲを加え、泡立て器で泡をつぶさないように手早くむらなく混ぜ合わせる。さらに牛乳を加えてよく混ぜる。
5. 4に薄力粉（または薄力粉＋抹茶）を2回に分けてふるい入れ、ゴムべらで混ぜ合わせる。
6. 5を丸口をつけた絞り袋に入れて、天板の上に直径6cmの円形に絞り出し、均一に粉糖をふりかける。
7. 180℃のオーブンで15～17分焼く。焼きあがったらケーキクーラーの上で冷ます。オーブンシートからブッセ生地をはがす。

小豆とクリームのブッセを仕上げる

8. ボウルに生クリームと砂糖Cを入れて9分立てにし、7のブッセ生地につぶあんと一緒にのせて、もう1枚の生地ではさむ。あんはメーカーによって甘さが違うので、分量は加減するとよい。

抹茶と栗のブッセを仕上げる

9. ボウルに砂糖Dと抹茶を入れてよく混ぜ、生クリームを加え9分立てにし、星口をつけた絞り袋で、7のブッセ生地に絞り、適当な大きさに切った栗適量をのせ、もう1枚の生地ではさむ。仕上げに抹茶をふる。

カフェゼリーとミルククリームのブッセ

苦みのきいたカフェゼリーと、練乳を加えた甘いミルククリームをサンドしました。
口の中でぷるるんっとはじけるゼリーとふわふわなブッセ生地の相性は抜群です。
見た目も味わいも涼しげなデザート。

【材料（直径7cmの円形12枚・6個分）】

カフェブッセ生地
- 卵黄……………………M玉2個分
- 砂糖A……………………25g
- 卵白……………………M玉2個分
- 砂糖B……………………30g
- 牛乳……………………小さじ1
- インスタントコーヒー（顆粒）…小さじ2
- 薄力粉……………………50g
- 粉糖……………………適量

カフェゼリー
- 水………………………250ml
- 砂糖C……………………30g
- インスタントコーヒー（顆粒）…小さじ5
- A ┌ 水……………………大さじ2
    └ 粉ゼラチン………………5g

ミルククリーム
- 生クリーム………………120ml
- 練乳……………………50g

【下準備】

- 卵は冷蔵庫で冷やしておく。
- オーブンは180℃に予熱しておく。
- 天板にオーブンシートを敷いておく。
- 薄力粉は2回ふるっておく。
- 生地用のインスタントコーヒーは牛乳に溶かしておく。
- 粉ゼラチンは水に入れてふやかしておく。

【作り方】

生地を作る

1. ボウルに卵黄と砂糖Aを入れ、泡立て器で白っぽくなるまで泡立てる。
2. 別のボウルに卵白を入れて泡立てる。全体が泡立ってきたら、砂糖Bの1/2量を加え、泡立てる。残りの砂糖を入れて、さらに、しっかりと角が立つまで泡立て、メレンゲを作る。
3. 1に2のメレンゲの1/3量を加え、泡立て器で泡をつぶさないように手早くむらなく混ぜ合わせる。
4. 3に残りのメレンゲを加え、泡をつぶさないように手早くむらなく混ぜ合わせる。さらにコーヒーを溶かした牛乳を加えてよく混ぜる。
5. 薄力粉を2回に分けてふるい入れ、ゴムべらで混ぜ合わせる。
6. 5を丸口をつけた絞り袋に入れて、天板の上に直径6cmの円形に絞り出し、均一に粉糖をふりかける。
7. 180℃のオーブンで15〜17分焼く。焼きあがったらケーキクーラーの上で冷ます。オーブンシートからブッセ生地をはがす。

カフェゼリーとミルククリームを作る

8. 小鍋に水と砂糖Cを入れて火にかけ、沸騰したら火を止めてインスタントコーヒーとAを加えて混ぜる。粗熱をとり、バットに入れて冷蔵庫で冷やしかためる（a）。
9. ボウルに生クリームと練乳を入れて、ハンドミキサーで9分立てにし、星口のついた絞り袋に入れる。

フィリングをはさむ

10. 7の生地に9のミルククリームを絞り、スプーンで適当な大きさにすくった8のゼリーをのせて（b）もう1枚の生地ではさむ。

キャラメルアップルカスタードの米粉ブッセ

口どけがよく、ふんわり仕上がった米粉生地のブッセは、ビターなりんごと、カスタードクリームによく合います。写真のように、生地とフィリングを別々にして持っていき、食べるときにりんごとカスタードクリームをはさむ、そんなおみやげスタイルもおすすめです。

【材料（直径7cmの円形12枚・6個分）】

米粉ブッセ生地

卵黄	M玉2個分
砂糖A	25g
卵白	M玉2個分
砂糖B	30g
牛乳	小さじ1
米粉	50g
粉糖	適量

キャラメルアップル＋カスタードクリーム

りんご（正味）	100g
バター（無塩）	10g
砂糖C	大さじ2
シナモンパウダー	少々
レモン汁	大さじ1

＊レモン汁はりんごの酸味によって加減してください。

カスタードクリーム（P41）… 全量

米粉

うるち米を粉末にしたもので、「製菓用」と表示されているもの選びましょう。本書のブッセのレシピはすべて、薄力粉を米粉にかえることができます。また、逆にこの米粉のレシピを薄力粉にかえてもOK。米粉は粒子が細かいのでふるわずに使用できるのも特徴です。

【作り方】

生地を作る

1. ボウルに卵黄と砂糖Aを入れ、泡立て器で白っぽくなるまで泡立てる。
2. 別のボウルに卵白を入れて泡立てる。全体が泡立ってきたら、砂糖Bの1/2量を加え、泡立てる。残りの砂糖を入れて、さらに、しっかりと角が立つまで泡立て、メレンゲを作る。
3. 1に2のメレンゲの1/3量を加え、泡立て器で泡をつぶさないように手早くむらなく混ぜ合わせる。
4. 3に残りのメレンゲを加え、泡をつぶさないように手早くむらなく混ぜ合わせる。さらに牛乳を加えてよく混ぜる。
5. 米粉を1/2量ずつ入れ、ゴムべらで混ぜ合わせる。
6. 5を丸口をつけた絞り袋に入れて、天板の上に直径6cmの円形に絞り出し、均一に粉糖をふりかける。
7. 180℃のオーブンで15〜17分焼く。焼きあがったらケーキクーラーの上で冷ます。オーブンシートからブッセ生地をはがす。

キャラメルアップルを作ってはさむ

8. りんごはひと口大の薄いいちょう切りにし、バターを溶かしたフライパンに入れ、しんなりするまで炒める（a・b）。砂糖C、シナモンパウダー、レモン汁を加え、茶色くなるまで炒めて火を止めて冷ます。
9. 7の生地にカスタードクリームと8のりんごをはさむ。

【下準備】

- 卵白は冷蔵庫で冷やしておく。
- オーブンは180℃に予熱しておく。
- 天板にオーブンシートを敷いておく。

スパイシーパンプキン米粉ブッセ＆スイートポテト米粉ブッセ

スパイスをきかせた生地に、マッシュしたかぼちゃあんとさつまいもあんをはさみます。
バタークリームを一緒に入れることで、高級感のある味わいに。
ひと口サイズに仕上げるとかわいらしいパーティーメニューになります。

【材料（直径3.5cmの円形36枚・18個分）】

米粉スパイス生地

卵黄	M玉2個分
砂糖A	25g
卵白	M玉2個分
砂糖B	30g
牛乳	小さじ1
A ┌ 米粉（P67参照）	50g
│ シナモンパウダー、ジンジャーパウダー、	
│ カルダモンパウダーなど（合わせて）	
└	小さじ1/3
粉糖	適量

かぼちゃあん＋バタークリーム（18個分）

かぼちゃ	（正味）100g
砂糖	大さじ1
牛乳	大さじ1〜2
バタークリーム（P42or43）	60g

さつまいもあん＋バタークリーム（18個分）

さつまいも（正味）	100g
砂糖	大さじ1
牛乳	大さじ1〜2
バタークリーム（P42or43）	60g
（好みで）黒ごま	適量

【下準備】

- 卵は冷蔵庫で冷やしておく。
- オーブンは180℃に予熱しておく。
- 天板にオーブンシートを敷いておく。
- Aは合わせて2回ふるっておく。
  ＊他の材料を混ぜるために米粉もふるう。
- さつまいもは厚く皮をむいて水にさらし、アクぬきしておく。

【作り方】

生地を作る

1. ボウルに卵黄と砂糖Aを入れ、泡立て器で白っぽくなるまで泡立てる。
2. 別のボウルに卵白を入れて泡立てる。全体が泡立ってきたら、砂糖Bの1/2量を加え、泡立てる。残りの砂糖を入れて泡立て、さらに、しっかりと角が立つまで泡立て、メレンゲを作る。
3. 1に2のメレンゲの1/3量を加え、泡立て器で泡をつぶさないように手早くむらなく混ぜ合わせる。
4. 3に残りのメレンゲを加え、泡をつぶさないように手早くむらなく混ぜ合わせる。さらに牛乳を加えてよく混ぜる。
5. Aを1/2量ずつ入れ、ゴムべらで混ぜ合わせる。
6. 5を丸口をつけた絞り袋に入れて、天板の上に、直径3cmの円形に絞り出し、均一に粉糖をふりかける。
7. 180℃のオーブンで13〜15分焼く。焼きあがったらケーキクーラーの上で冷ます。オーブンシートからブッセ生地をはがす。

あんを作ってはさむ

8. かぼちゃ（またはさつまいも）の皮を取り除き、適当な大きさに切る。ラップをふんわりかけて500Wの電子レンジで3〜4分、竹串がスッと通るまで加熱する。
9. 8をボウルに入れ、泡立て器でつぶして砂糖と牛乳を加え、なめらかになるまで混ぜ合わせる（野菜の水分量によって牛乳の量は加減する。水分が多い場合には入れなくてもOK）。
10. 7のブッセ生地に9のあんと星口で絞ったバタークリームをはさむ。残ったバタークリームを上に絞る。スイートポテト米粉ブッセには、好みで黒ごまをのせる。

ばらのブッセ

ローズティーをトッピングにあしらったロマンチックなブッセ。
フィリングは、貴重なばらのジャム。ひと口食べるとばらの香りが広がり、夢のような気持ちに。
見た目も味も乙女チックなお菓子です。

【材料（直径7cmの円形12枚・6個分）】

基本のブッセ生地
卵黄……………………M玉2個分
砂糖A……………………25g
卵白……………………M玉2個分
砂糖B……………………30g
牛乳……………………小さじ1
薄力粉……………………50g
粉糖……………………適量

トッピング
粉糖……………………大さじ2
水……………………小さじ1～2
(あれば) ローズオイル………少々
ローズティー（乾燥）………少々

ホイップクリーム＋ローズジャム
生クリーム……………………100ml
砂糖C……………………大さじ1/2
ローズジャム……………………大さじ6

【下準備】
- 卵は冷蔵庫で冷やしておく。
- オーブンは180℃に予熱しておく。
- 天板にオーブンシートを敷いておく。
- 薄力粉は合わせて2回ふるっておく。

【作り方】

生地を作る
1. ボウルに卵黄と砂糖Aを入れ、泡立て器で白っぽくなるまで泡立てる。
2. 別のボウルに卵白を入れて泡立てる。全体が泡立ってきたら、砂糖Bの1/2量を加え、泡立てる。残りの砂糖を入れて、さらに、しっかりと角が立つまで泡立て、メレンゲを作る。
3. 1に2のメレンゲの1/3量を加え、泡立て器で泡をつぶさないように手早くむらなく混ぜ合わせる。
4. 3に残りのメレンゲを加え、泡をつぶさないように手早くむらなく混ぜ合わせる。さらに牛乳を加えてよく混ぜる。
5. ふるっておいた薄力粉を1/2量ずつふるい入れ、ゴムべらで混ぜ合わせる。
6. 5を丸口をつけた絞り袋に入れて、天板の上に直径6cmの円形に絞り出し、均一に粉糖をふりかける。
7. 180℃のオーブンで15～17分焼く。焼きあがったらケーキクーラーの上で冷ます。オーブンシートからブッセ生地をはずす。

トッピングを作る
8. 粉糖に水を少しずつ加えて混ぜ、細くたれるくらいのかたさにし、あればローズオイルを加え混ぜる。7のブッセ生地6枚の上に斜めにたらしていく（a）。上にローズティーをふりかけ（b）、そのままアイシングがかたまるまでおく。

フィリングをはさむ
9. 生クリームと砂糖Cをボウルに入れ、9分立てにする。8のトッピングをしていない6枚の生地の上に泡立てたホイップクリームとローズジャムをのせ、残りの生地ではさむ。

ローズジャム
ばらの花びらを使い、丁寧に煮詰めて作りあげたジャム。スプーンですくうと透き通ったピンクのばらの花びらが鮮やかに広がります。ヨーグルトや紅茶にも。

ローズオイル
食用のばらの精油です。

ローズティー
食用のばらの花びらを乾燥させたもの。ハーブティー用として販売されています。

くまブッセ

大きな丸をひとつ、小さな丸をふたつ絞るとくまの形に！
ふわふわのチョコレート味のクリームをはさんで、みんなが大好きな味に仕上げました。
そのままでももちろんかわいいのですが、お皿にのせて子供と一緒にお絵描きしても楽しいですよ。

【材料（直径6cmの円形12枚、直径2cmの円形24枚・6個分）】

基本のブッセ生地
- 卵黄……………………M玉2個分
- 砂糖A……………………25g
- 卵白……………………M玉2個分
- 砂糖B……………………30g
- 牛乳……………………小さじ1
- 薄力粉……………………50g
- 粉糖……………………適量

ガナッシュクリーム＋トッピング
- （好みの）チョコレート………25g
- 生クリーム………………100mℓ
- チョコペン（ホワイト）………1本
- フルーツ、ミントの葉………各適量

【下準備】

- 卵は冷蔵庫で冷やしておく。
- オーブンは180℃に予熱しておく。
- 天板にオーブンシートを敷いておく。
- 薄力粉は2回ふるっておく。

【作り方】

生地を作る

1. ボウルに卵黄と砂糖Aを入れ、泡立て器で白っぽくなるまで泡立てる。
2. 別のボウルに卵白を入れて泡立てる。全体が泡立ってきたら、砂糖Bの1/2量を加え、泡立てる。残りの砂糖を入れて泡立て、さらに、しっかりと角が立つまでメレンゲを泡立てる。
3. 1に2のメレンゲの1/3量を加え、泡立て器で泡をつぶさないように、手早くむらなく混ぜ合わせる。
4. 3に残りのメレンゲを加え、泡をつぶさないように手早くむらなく混ぜ合わせる。さらに牛乳を加えよく混ぜる。
5. ふるっておいた薄力粉を1/2量ずつふるい入れ、ゴムべらで混ぜ合わせる。
6. 5を丸口のついた絞り袋に入れて、天板の上に直径5cmの円形に絞り出し、その上に耳の直径1.5cmの円形を2つ絞り出す（a）。均一に粉糖をふりかける。
7. 180℃のオーブンで15～17分焼く。焼きあがったらケーキクーラーの上で冷ます。オーブンシートからブッセ生地をはがす。

ガナッシュクリームを作る

8. 小鍋に生クリームを入れて沸騰したら細かく刻んだチョコレートを加えて、混ぜながら溶かす。粗熱がとれたら冷蔵庫で冷やし、ボウルの底を氷水にあてて9分立てにする。

フィリングをはさむ

9. チョコペンを湯せんで溶かし、目、鼻、口などを7のブッセ生地に描き、乾かす。顔を描いていない生地に8のガナッシュクリームを星口で絞り、顔を描いた生地ではさむ。
10. 皿に9を盛り、チョコペンで好きなように絵を描き、フルーツやミントをあしらう。

黒くまもできます
生地の薄力粉50gを薄力粉45g＋ココア5gにかえて作ります。作り方は同じですが、ココアが入るとメレンゲの泡がつぶれやすいので、混ぜたり、絞り出す作業を手早く行うこと。

ダックワーズとブッセを
おいしく作り、おいしく食べるためのQ&A

Q ダックワーズの食べごろはいつですか？

A 生地にフィリングをはさんでから1～3日後が、しっとりする。

ダックワーズのあのしっとりした食感は、フィリングをはさんでから1～3日後がベストです。また、焼きたての、サクッ、カリッとした独特の食感も幸せの味。それが味わえるのは、作った人の特権、ぜひ作りたてを食べてみて。

Q ダックワーズの保存はどれくらいですか？

A 常温で3日間、冷凍庫なら1ヵ月間。

梅雨時と夏場以外は常温保存でOK。生地だけなら1週間、バタークリームベースのフィリングをはさんだものなら3日間程度保存可能。心配なら冷蔵庫で保存してもよいでしょう。冷凍庫に保存する場合は、生地だけでも、バタークリームベースのフィリングをはさんだものでも約1ヵ月間おいしく食べられます。食べる前に、自然解凍を。

Q ブッセの食べごろはいつですか？

A 生地にフィリングをはさんでから1～3日後がなじんでおいしい。

ブッセも、生地にフィリングをはさんでから1～3日後が、全体に味がなじみ、ほどよくしっとりしておいしい。もちろん焼き立ての、ふわふわ、ほわほわの食感もぜひ味わって。生のフルーツをはさむ場合は、すぐに食べて。

Q ブッセの保存期間はどれくらいですか？

A 生地だけなら常温で3日間、冷凍庫なら1ヵ月間。

生地だけなら、梅雨時と夏場は冷蔵庫に、それ以外の季節は常温で3日間、ホイップクリームなどのフィリングをはさんだ場合は、冷蔵庫で3日間保存可能。冷凍庫に保存する場合は、生地だけなら1ヵ月間保存可能。フィリングをはさんだものは冷凍保存不可。

Q ブッセとダックワーズの
保存方法は？

A 密封できる容器や
保存袋に入れましょう。

常温、または冷蔵庫で保存する場合は、密封容器や保存袋に入れます。乾燥剤を一緒に入れておくと、より効果的。冷凍庫で保存する場合は、匂いを吸収しやすいので、保存袋を二重にして入れる。生地を素手でさわると、傷みやすくなるので、保存のほか、おみやげにする場合も、手袋をしてクリームをぬる、フィリングをはさむなどの作業をするとよい。

Q バタークリームは
保存できますか？

A 保存袋に入れて
冷凍庫で保存しましょう。

バタークリームは、ある程度まとめて作らないとおいしくできません。余ったバタークリームは平らにし、ラップにくるんでから保存袋に入れて冷凍庫に入れましょう。約1ヵ月間保存できます。使う30分～1時間前には自然解凍しておくこと。

Q 個数が、レシピの指定よりも
前後してしまいます。

A 1～2個程度の前後なら
問題ありません。

メレンゲを泡立てる時間や、泡立て具合、そのときの材料によって、生地のできあがり量は多少かわります。レシピの個数よりも1～2個程度なら、前後しても問題ありません。

Q 米粉のブッセを薄力粉で
作ることはできますか？

A はい、できます。
その反対も可能です。

この本のすべてのブッセは、米粉を薄力粉にかえて作ることも、薄力粉を米粉にかえて作ることもできます。米粉は粒子が細かいのでふるわなくても作れます。

ブッセとダックワーズのための
基本の材料と道具

ブッセとダックワーズを作るために、これだけはそろえておいてほしい基本的な材料と道具。作っている最中に、足りなくなっては、すべてが水の泡に。作り始める前に、必ず材料と道具の確認をしましょう。

卵
この本ではM玉を使用。1個の分量は約50gが目安。鮮度のよいものほど、気泡の安定性が高まるので、特にブッセの生地は、卵は新鮮なものを使いましょう。

牛乳
好みのものを使ってOK。カロリーが気になる方は低脂肪タイプの牛乳を使ってもかまいません。

粉糖
グラニュー糖を粉末にしたもの。「トッピング専用」と書かれたものは、コーンスターチなどグラニュー糖以外の物が入っていて、焼き上げても、表面がカリッと仕上がらないので、ダックワーズやブッセにはむきません。

砂糖
上白糖を使用しましたが、グラニュー糖でもOK。グラニュー糖で作る場合、上白糖に比べ、すっきりした味わいに。きび砂糖やてんさい糖など精製度の低い砂糖は、メレンゲの泡立ちや安定が悪いのでむきません。

1
基本の材料
*Les ingré
fondamentaux
Pour la dacquoise
et a la bouchée*

薄力粉
グルテンの少ない、薄力粉を使用しています。全粒粉や強力粉などでは代用しないこと。また、なるべく新しいものを使用することも大切です。

アーモンドパウダー
ダックワーズのみ使用。アーモンドを粉末にしたもの。酸化しやすいので封を開けたら、密封できる保存容器に入れて冷蔵庫で保存し、なるべく早く使いきること。

生クリーム
乳脂肪分40%以上のものを使用しています。40%以下のクリームは、泡立ちにくく、7〜8分立て程度にしか泡立たないため、この本のお菓子を作るのにむいていません。

バター
必ず無塩バターを使用。酸化したバターは、味にも体にもNG。使い残しはアルミホイルなどできっちり包み、密封できる保存容器などに入れること。

76

ダックワーズ型
小判形に美しく焼くならやはり型があると便利。本書の小判形のダックワーズは、Matfer × cuocaのオリジナル型で作りました。1個あたりのサイズは 60 × 40 × 10mm。

セルクル・クッキー型
ケーキやクッキーなどを作るのに使う型で、底がなく枠だけのもの。この本では直径3.5cmの型と4.5cmの型を使用。

ボウル
ダックワーズを作るときは1つでもいいですが、ブッセを作るときは、メレンゲを作るボウルと卵黄クリームを作るボウルと、大きめのものを2つ用意しておきましょう。

デジタルスケール
お菓子作りには、正確に計量できるデジタルスケールは欠かせません。できるだけ1g単位で表示できるものを使いましょう。

2
基本の道具
Basic utensils for Dacquoise and Bouchée

ゴムべら
メレンゲなどを混ぜ合わせるのに必要。ダックワーズやブッセをおいしく作るコツは、ゴムべらで切るようにメレンゲを混ぜて、泡をつぶさないこと。

泡立て器
卵黄をくずしたり、材料を混ぜたり、つぶすのに必要です。

ハンドミキサー
卵白を泡立ててメレンゲを作るのに必要です。メレンゲの泡立ては手早さがかぎ。泡立て器だけでなく必ずハンドミキサーも用意しましょう。

ざる
粉類をふるうのに必要です。生地をふんわり、口当たりよく仕上げるには、ざるで2度粉類をふるうことが必須です。

茶こし
粉糖を生地にふるうのに必須。ダックワーズにもブッセにも使います。

カード
ダックワーズの生地をならしたり焼きあがったものをオーブンシートからはずすのに使います。手ではがそうとすると、生地が割れたり、端が崩れたりすることもあります。

絞り袋
生地を天板の上に、またクリームを生地の上に絞り出すのに必要です。ダックワーズにもブッセにも使います。

おわりに

ダックワーズとブッセを作りながら感じたのは
「どこかなつかしい」ということでした。
ダックワーズは日本生まれのお菓子です。フランスにもともとあった生地を
日本人のシェフが日本の人の口に合うように考えたもの。
ブッセも、フランスから日本にきたビスキュイ生地に、
いろいろ好みのものをはさんで食べるお菓子に変化しました。
小さくて、丸くて、いろいろあって……は、
私たちが共通して好きなものなのかもしれません。

改めて、いろいろなお店のダックワーズやブッセを
食べてみると生地もクリームもさまざま。
私がいいなと思ったのは、ダックワーズ生地が
ほどよく薄くってサクッとして濃厚なもの。
ブッセは、さっくり感もありながらしっとり感のあるもの。
クリームは、どちらも生地とのバランスが大事だなと思いました。
さっくりとふわふわ。楕円とまんまる。
どれを食べても「これ、おいしい」と言っていただけるような味を目指して
何度も試作を繰り返しました。
この本に詰め込んだのは、そうやって考えてきた私が思う、
おうちで作るいちばんおいしいダックワーズとブッセのレシピです。

お菓子を作ったのは私ですが、
いろんな方のお力をお借りして1冊の本になります。
この本で、もっとも印象深いのは「くまブッセ」(P72)。
自分ひとりではあのページにはならなかったでしょう。
みんなでああでもない、こうでもないと言いながら作った
あの楽しい時間は今でも忘れられません。
本を作っていて思うのは、私が届けたいのは
「お菓子作りとともにある幸せな空間」なんだということ。
いろんなおうちで、いろんな人が、いろんなくまを
作るのを想像すると思わず笑顔になります。

これからも、私は、ダックワーズとブッセを作るときに
また「なつかしい」って思うのでしょう。
でもこのなつかしさは、この楽しかった記憶に対するものなのだと思います。
ダックワーズもブッセも、作ってくださる方の
記憶に残るお菓子になってくれたら、と願っています。

福田 淳子

photo／澤田清佳

福田淳子（ふくだ・じゅんこ）

菓子研究家。茨城県牛久市出身。カフェなどでメニューの開発や店舗の立ち上げにかかわったのち、お菓子を中心に書籍、雑誌、広告などで活躍中。小さいときから本を見ながらお菓子作りをしてきたので、「あのときの自分でも失敗なくできるような、わかりやすく、丁寧な本作り」を目指している。著書に『シュークリーム めざす食感に必ずたどりつく8つの配合×ベスト相性の8種のクリーム』、『パウンドケーキ バイブル』、レシピ・監修に『はじめて絵本 すてきなおかし作り』（以上すべて小社）ほか多数。

Instagram
https://www.instagram.com/junjunfukuda/
Note
https://note.com/sakuracoeur/

装丁	釜内由紀江、五十嵐奈央子（GRiD）
本文デザイン	川村よしえ（otome-graph.）
撮影	木村 拓（東京料理写真）
撮影アシスタント	福尾美雪
スタイリング	福泉響子
調理アシスタント	西澤淳子
ＤＴＰ	横山健一郎（アド・クレール）
編集	斯波朝子（オフィスCuddle）

ダックワーズとブッセ

2011年9月30日初版発行
2024年9月20日新装版初版印刷
2024年9月30日新装版初版発行

著者	福田淳子
発行者	小野寺優
発行所	株式会社河出書房新社
	〒162-8544 東京都新宿区東五軒町2-13
	電話 03-3404-1201（営業）
	03-3404-8611（編集）
	https://www.kawade.co.jp/
印刷・製本	TOPPANクロレ株式会社

Printed in Japan
ISBN978-4-309-29429-2

落丁本・乱丁本はお取り替えいたします。
本書のコピー、スキャン、デジタル化等の無断複製は著作権法上での例外を除き禁じられています。本書を代行業者等の第三者に依頼してスキャンやデジタル化することは、いかなる場合も著作権法違反となります。
●本書は、小社刊行『ダックワーズとブッセ』（2011年9月）を新装したものです。

本書の内容に関するお問い合わせは、お手紙かメール（jitsuyou@kawade.co.jp）にて承ります。恐縮ですが、お電話でのお問い合わせはご遠慮くださいますようお願いいたします。